Erico Tadeu Xavier

O Imperador Constantino

Erico Tadeu Xavier

O Imperador Constantino

As surpreendentes contribuições para o cristianismo

CREDO EDICIONES

Imprint

Cover image: www.ingimage.com

Publisher:
CREDO EDICIONES
ist ein Imprint der / is a trademark of
International Book Market Service Ltd., member of OmniScriptum Publishing Group
17 Meldrum Street, Beau Bassin 71504, Mauritius

Printed at: see last page
ISBN: 978-613-1-99240-7

ÉRICO TADEU XAVIER

O IMPERADOR CONSTANTINO

AS SURPREENDENTES CONTRIBUIÇÕES PARA O CRISTIANISMO

2019

SUMÁRIO

INTRODUÇÃO

O desenvolvimento do Cristianismo ao longo dos séculos revela a participação de diferentes personalidades que contribuíram de forma positiva ou negativa para sua expansão, a exemplo do imperador Constantino que, embora tenha relevância na construção histórica do Cristianismo como uma religião mundial, também influenciou no desvirtuamento da doutrina cristã, mediante sua intervenção nas decisões da igreja.

Ao tempo de Cristo, o Império Romano era governado por imperadores que comandavam sob uma política religiosa alheia aos ensinamentos dos judeus. Tendo em vista que o Império Romano abrangia praticamente todo o mundo mediterrâneo da época, considerando propósitos práticos, "todos os homens estavam debaixo de um sistema jurídico, como cidadãos de um só reino" (CAIRNS, 1995:30).

Ao ensinar Seus discípulos, Jesus Cristo enfatizou o fato de que era chegado o Reino de Deus. O Cristianismo foi, desse modo, considerado como um ataque ao domínio romano, provocando a perseguição ao grupo que divulgava um reino diverso ao existente, ensinando a qualquer custo uma religião e condutas contrárias às condutas do mundo da época.

De acordo com White (1985:38), "estas perseguições, iniciadas sob o governo de Nero, [...] continuaram com maior ou menor fúria durante séculos", acarretando dificuldades aos cristãos, porém, sem conseguir frustrar o crescimento do Cristianismo.

Cairns (1995:73) afirma que, a perseguição se deu devido a causas políticas, religiosas, sociais e econômicas, já que, os ensinamentos e modo de vida dos cristãos entravam em conflito com o "sincretismo pagão e sua exigência de lealdade exclusiva ao estado romano na maioria dos assuntos. A perseguição sucedeu como parte natural da política Imperial de preservar a integridade do estado romano. Ao cristianismo não se permitia direito legal de existência".

Entretanto, no século IV, o imperador Constantino entendeu que o Cristianismo não poderia ser destruído, pois, apesar das perseguições e martírios, os cristãos continuavam a se fortalecer e aumentar. Constantino foi, desse modo, favorável política e religiosamente ao Cristianismo, embora não o tenha tornado a religião oficial do Império, facilitando, no entanto, sua aceitação a partir de seu governo.

Destaca-se, dentre outros fatos relevantes ocorridos no governo de Constantino, o Edito de Constantino e o Concílio de Nicéia, que contribuíram para que o Cristianismo adotasse transformações doutrinárias que influenciaram seu formato na modernidade.

Tendo em vista sua importância para a história do Cristianismo esta obra se propõe a analisar a participação do Imperador Constantino no desenvolvimento da igreja cristã e como sua influência repercutiu na expansão posterior da Igreja.

Tal intento baseia-se na compreensão histórica acerca do Cristianismo e da vida de Constantino, retratados por autores como Nichols (1992), Cairns (1995), Carroll (2002), Walker (2002), Hurlbut (2002), e outros que apresentam em seus escritos as contribuições de Constantino para que o Cristianismo se tornasse uma religião mundialmente conhecida.

CAPÍTULO 1

VIDA, CONVERSÃO E MORTE DO IMPERADOR CONSTANTINO

Constantino I, ou Constantino Magno (ou o Grande) foi imperador romano do ano 306 ao ano 337. Seu nome completo era *Flavius Valerius Aurelius Constantinus*. Nasceu em Naissus (atual Sérvia), em 26 de fevereiro de 272 e faleceu na Nicomedia (atual Izmit, Turquia) em 22 de maio de 337. Filho de *Caius Flavius Valerius Constancius* (Constâncio Cloro, ou Constâncio I), oficial grego que servia ao imperador Diocleciano, e de Helena, concubina de Constâncio. Viveu a maior parte de sua infância e juventude na corte do imperador Diocleciano, recebendo educação esmerada (FRAZÃO, 2017).

Constantino cresceu em um período de guerra civil, invasões bárbaras e colapso social geral do império romano. Carroll (2002) afirma que o caos do Império Romano no século III contribuiu para o aumento do poder dos militares até mesmo sobre os imperadores, que subiam e caiam rapidamente. Com isso, generais rebeldes e generais-imperadores autoimpostos eram comuns na época.

Nesse contexto, ao final do século III, um general chamado Aurelius Valerius Diocleciano, plebeu da Ilíria, foi declarado imperador por seus soldados, tendo essa proclamação sido reconhecida no ano 284. Na tentativa de conter o caos, em 285, Diocleciano dividiu o império pela metade, ficando com a parte do Oriente e tomando para si o título de Augusto. Estabeleceu seu governo na Nicomédia, ao lado oriental de Bósforo. Nessa divisão, colocou como imperador do Ocidente a Maximiano, um de seus generais, tendo ele mesmo autoridade suprema. Cada um contava com um césar que tinha autoridade sobre parte do império e direito presumido à sucessão do Augusto. O césar de Diocleciano era Galério e Maximiano nomeou o general gaulês Constâncio, que governava a a partir de Tréveris. O governo de Maximiano foi estabelecido em Milão, ficando Roma livre para a influência do bispo cristão e abrindo caminho para o poder da Igreja (CARROLL, 2002).

De acordo com Walker (2006), a divisão feita por Diocleciano não significava que haviam quatro impérios separados.

> Embora cada augusto e cada césar tivesse sua própria capital, sua própria equipe administrativa encabeçada por um prefeito pretoriano, e seu próprio exército móvel, todas as leis e decretos eram emitidos conjuntamente: o império era um, ainda que seus governantes fossem quatro. (WALKER, 2006:148).

A reorganização da estrutura de poder resultou na divisão do controle do Império. Diocleciano controlava as províncias Orientais e o Egito; Maximiano a Itália e a África Proconsular. Galério as províncias balcânicas e Constâncio Cloro a Hispânia, a Gália e a Britânia (FRAZÃO, 2017).

Em 305, Constantino juntou-se a Constâncio Cloro para lutar nas campanhas da Britânia (Grâ-Bretanha). Nesse mesmo ano, então com sessenta anos, Diocleciano abdicou do trono, impondo a mesma decisão a Maximiano, tornando Galério e Constâncio augustos. Porém, enquanto lutava na Britânia, em 306, Constâncio ficou doente e morreu em York. Seu filho Constantino foi saudado pelas tropas como sucessor de Constâncio. Sobre a idade em que Constantino subiu ao poder, Carroll (2002) aponta para divergências em diversas fontes. Embora Eusébio de Cesareia afirme que Constantino tinha 18 anos, outras fontes trazem a idade de 25 e próximo de 30 anos na época de sua ascensão como Imperador do Oriente em lugar de seu pai Constâncio.

Contudo, seu título não foi reconhecido em Roma e Constantino teve que empreender lutas contra Maximiano e seu filho Maxêncio, que reivindicavam o título de imperador do Ocidente. Em 307 Constantino reconheceu Maximiano como augusto sênior e casou-se com sua filha Fausta. Com isso, Maxêncio se autoproclamou imperador do Ocidente e deu início a uma guerra pelo poder. Em 310 os exércitos de Constantino venceram a batalha contra Maximiano, matando-o e em 312 foram contra o exército de Maxêncio, em Roma (CARROLL, 2002).

Desse modo, ao final da primeira década do quarto século, o império do Ocidente estava dividido entre Constantino e Maxéncio. Porém, antes da disputa decisiva pelo Ocidente, o imperador Galério, no Oriente, ativo perseguidor dos cristãos, já no leito de morte, publicou, em 311, um edito de tolerância para com os cristãos, no qual afirmava que os propósitos de conter o avanço da nova religião não haviam sido alcançados. Logo após essa proclamação Galério morreu, deixando quatro concorrentes ao trono imperial: Licínio, que controlava territórios ao norte do Helesponto, no Oriente; Maximino Daia, com controle sobre a Ásia Menor, Síria, Palestina e Egito. Este último renovou a perseguição aos cristãos logo após a morte de Galério; Maxêncio e Constantino, no Ocidente. Licínio aliou-se a Constantino enquanto Maximino aliou-se a Maxêncio. Em 313 Licínio derrotou Maximino e assumiu controle do setor oriental. No Ocidente, Constantino havia já resolvido a questão com Maxêncio, um ano antes (WALKER, 2006).

A batalha de Constantino contra Maxêncio, em 28 de outubro de 312, foi decisiva para sua decisão em favor do Cristianismo. O exército de Constantino se defrontou em batalha na ponte Mílvia, no rio Tibre. A tropa estava desgastada, desmoralizada e insegura por lutar no território de Maxêncio. Segundo Carroll (2002), na noite antes da batalha, Constantino viu uma cruz no céu com a inscrição *In Hoc Signo Vinci* (Com este signo vencerás) e entendeu ser um sinal de favorecimento do Deus cristão.

Sobre a batalha na Ponte Mílvia, Walker (2006) afirma que a visão de Constantino veio em um sonho, contrariando o seu costume religioso pagão fazendo-o voltar-se ao Deus cristão:

> Foi nesse momento que ocorreu o evento que haveria de mudar o curso da história da igreja e do império. Constantino, como seu pai, havia sido um firme opositor da perseguição aos cristãos. Também como seu pai, todavia, ele se havia associado com o vago monoteísmo solar popularizado pelo imperador Aureliano - um culto inteiramente em consonância com as sensibilidades pagãs. Mas na véspera da batalha na ponte Mílvia, Constantino teve um sonho no qual viu as letras iniciais do nome de Cristo com as palavras: "Por este símbolo vencerás". Tomando isto como um presságio, ele resolveu confiar sua causa ao deus dos cristãos e teve o monograma Chi-Rho pintado nos escudos de seus soldados. Na luta seguinte, Maxêncio perdeu a batalha e a vida. Constantino havia conquistado o controle do Ocidente. Quando entrou triunfante em Roma, Constantino lembrou-se daquele a quem devia sua vitória. Os costumeiros tributos de agradecimento aos deuses de Roma foram omitidos. O imperador havia jogado sua sorte com a causa minoritária dos cristãos, e daí em diante ele consideraria o deus cristão como o protetor do império e o patrocinador de sua própria missão de reforma e reconstrução. Roma tinha um continuador da obra de Diocleciano, mas a tarefa de Diocleciano agora deveria ir adiante sob o patrocínio do mesmo deus cujos seguidores ele próprio havia perseguido. (WALKER, 2006:151).

Acerca do sonho de Constantino e sua decisão em se tornar um cristão a partir daí, Veyne (2011), comenta que essa decisão não foi tomada somente com base em uma especulação. Na época de Constantino, e mesmo entre os cristãos e entre os pagãos, era comum acreditar que a ordem de um deus poderia vir em sonhos, como numa verdadeira visão. Por exemplo, em 310, Constantino "viu" Apolo anunciar que ele teria um longo reinado. Em 312 o sonho do "sinal" que lhe daria a vitória foi interpretado como a cruz de Cristo. Assim, não era raro atribuir uma vitória à intervenção de uma divindade. E, embora Constantino tenha tido algumas "visões", o imperador agia com lucidez, com objetivos concretos.

Embora a visão de Constantino seja descrita por muitos autores como sendo as letras iniciais de Cristo "Chi-Rho", que vem da palavra grega *Khristos*, nem todos concordam com essa interpretação. Dreher (2004), apresenta um parecer interessante sobre o monograma em formato de cruz que Constantino mandou aplicar nos capacetes, nas bandeiras e uniformes do seu exército após o "sonho" que teve.

> Constantino chegou à fé cristã via culto ao *sol invictus*. O culto a Mithras tinha, na realidade, muitas semelhanças com a fé cristã. O culto a Mithras conhecia um batismo, uma ceia sagrada, épocas de jejum e outras práticas ascéticas. O discípulo de Mithras fazia o sinal da cruz. O culto confirmava os neófitos para que viessem a ser soldados na luta da luz contra as trevas. Além disso, falava-se nesse culto de um novo nascimento, de conversão, redenção e ressurreição. Na noite posterior, Jesus lhe aparecera com a cruz luminosa na mão, admoestando-o a confeccionar este sinal como meio de proteção, isto é, como amuleto. Por isso, o lábaro para a guarda pessoal do Imperador teria sido confeccionado com o monograma de Cristo. [...] A tradição cristã viu nessas narrativas a "conversão" de Constantino. O único que nada ou pouco sentiu dessa "conversão" foi o próprio Constantino. Constantino não conhecia uma fé cristã que dirige a vida a partir do coração. Sua "conversão" ao cristianismo talvez tenha sido sincera, mas não tinha profundidade teológica. (DREHER, 2004:60).

Carroll (2002) apresenta também a versão onde Constantino teria visto uma cruz e não apenas as letras. Sem levar em conta os costumes religiosos da época ou o posicionamento de Constantino, que Dreher (2004) cita acima, essa versão tem sido considerada como verdadeira por grande parte dos historiadores ligados à Igreja Católica, e certamente provocou uma mudança na forma como os cristãos passaram a ver a cruz de Cristo.

Conforme escritos de Eusébio de Cesareia, citado por Carroll (2002:192), Constantino "viu com os próprios olhos o troféu de uma cruz de luz nos céus, acima do sol, e tendo a inscrição COM ISTO VENCERÁS". A partir dessa visão da cruz, Constantino ordenou que seu exército fizesse uso de um novo estandarte nas batalhas, cujo símbolo da cruz era representado por uma longa lança revestida de outro tendo uma barra transversa colocada acima dela. Dessa maneira, a cruz, que representava o aparelho de execução romano, passou a ser representado por uma lança, modificando a própria história de Israel. Se, por um lado, o Cristianismo deixou de ser perseguido, o poder patriarcal de Israel deixou de existir a partir de seu sucessor, já que, seguindo uma corrente de consequências políticas e teológicas, desde 429 o patriarcado de Israel foi abolido, sendo que a autonomia judaica somente foi revertida após 1948.

A visão da cruz foi o indício de que Constantino tinha diante de si um mandato: ele deveria colocar sua fé em Jesus Cristo. Segundo Carroll (2002:198), "A visão lendária transformou assim o confronto num confronto entre o Deus cristão e os deuses romanos". Contudo, os registros históricos demonstram que a vitória sobre Maxêncio, na ponte Mílvia, foi atribuída tanto às divindades pagãs quanto ao Deus dos cristãos, como mostra a inscrição registrada no Arco de Constantino, erguido perto do Coliseu, que traz os dizeres "pela inspiração da Divindade", sem definir claramente se ele se referia a Cristo, a Hércules, a quem Constantino se filiava, ou ao Deus Sol Invicto, considerado a única divindade universal reconhecida no Império Romano.

Sobre o arco do triunfo de Constantino, erguido ao lado do Coliseu pelo Senado pagão, em homenagem à vitória na ponte Mílvia, Veyne (2011) comenta que, os caracteres que descrevem ter o imperador agido "inspirado pela divindade" (*instinctu divinitatis*), podem ser interpretados como cada qual assim quisesse, o paganismo ou o cristianismo. Isso porque, o termo era vago, pois os pagãos não entendiam bem o que eram os deuses, como eram feitos e quantos deles havia, sendo comum e prudente referir-se "a divindade", "o divino (*to théion*)", "o deus", da mesma maneira como hoje dizemos "o homem" referindo-se à humanidade.

Assim sendo, segundo Carroll (2002), é provável que Constantino tenha tido uma perspicácia política que o levou a aceitar a devoção cristã tendo em vista transformar os cristãos em aliados políticos poderosos. Mesmo porque, embora a perseguição aos cristãos tivesse amenizado, persistia o risco de confisco das propriedades cristãs. Esse temor por parte dos cristãos foi importante para a formação da estratégia de Constantino em 312. Embora Constantino não tivesse perseguido os cristãos diretamente, ele controlava todo o império ocidental depois da batalha da ponte Mílvia. Os cristãos, embora ainda fossem minoria, eram bem organizados e Constantino precisava transformá-los em aliados juntamente com os demais povos do império. A base para essa aliança foi formada com a sua chegada a Roma com o estandarte de Cristo.

Mas Constantino ainda estava longe de se tornar cristão. Sua estratégia com relação aos cristãos foi de cautela tanto para com os cristãos quanto para as religiões do Império, o que pode ser percebido por algumas atitudes do imperador, como a aceitação do título de Pontífice Máximo e de continuar a usar emblemas do deus Sol em suas moedas. Nesse sentido, a Enciclopédia Católica (*Catholic Encyclopedia*) assim se refere à liberdade de culto propiciada por Constantino em seu governo:

> Por um tempo, parecia que meramente tolerância e igualdade prevaleceriam. Constantino mostrou igual favor a ambos os religiosos. Como *pontifex maximus*, ele cuidou da adoração pagã e protegeu seus direitos. A única coisa que ele fez foi suprimir a adivinhação e a magia; isto os imperadores pagãos também tinham às vezes procurado fazer. (CATHOLIC ENCYCLOPEDIA, 2017:s/p.).

Ainda comenta Veyne (2011), que Constantino manteve uma tolerância religiosa que beneficiou tanto a pagãos quanto a cristãos, não se preocupando em forçar a conversão de ninguém nem criando leis contra os cultos pagãos. Permitiu, assim, que os pagãos participassem de altas funções do seu governo e que suas práticas continuassem como antes, o que tornou o império romano, em sua época, simultaneamente cristão e pagão.

Nesse contexto, há divergências de que Constantino tenha realmente se convertido ao Cristianismo, mas, que suas ações tiveram influência política. Nas palavras de Veyne (2011:38): "[...] o sonho de 312 não determinou a conversão de Constantino, mas prova, pelo contrário, que ele próprio acabara de decidir se converter [...]. para um homem como ele, qual o sentido de uma conversão se não for para fazer grandes coisas?".

A compreensão de Cairns (1995:100), sobre o assunto é, também, nesse sentido:

> Embora a visão possa ter ocorrido, é evidente que o favorecimento da Igreja por Constantino foi um expediente seu. A Igreja poderia servir como um novo centro de unidade e salvar a cultura clássica e o império. O fato de ter protelado o seu batismo até pouco antes da morte e de manter sua posição de *Pontifex Maximus,* sacerdote principal da religião pagã do Estado, parecem apoiar esta ideia. Ademais, a execução por ele ordenada, de um jovem que poderia reivindicar o seu trono, não condiz com a conduta de um cristão sincero. Talvez tenha sido tudo uma mistura de superstição e sagacidade na sua estratégia de governo. Correta ou não esta interpretação de suas intenções, o fato é que Constantino inaugurou uma política de favorecimento da Igreja Cristã.

Essa política de favorecimento ficou clara em 313, quando Constantino, juntamente com Licínio, proclamaram o Édito de Milão, documento que garantia a liberdade religiosa universal para pagãos, cristãos e judeus. Licínio tinha substituído Galério como augusto do Oriente. Constantino ofereceu sua meia-irmã em casamento como aliança entre os impérios e, em favor do cristianismo, propondo "o fim da perseguição contra a Igreja, perseguição que ele, como seu pai, nunca tinha executado em caso algum". Diante da concordância de Licínio, conjuntamente lançaram o Édito de Milão, garantindo, desse modo, "a liberdade religiosa universal para pagãos, cristãos e judeus" (CARROLL, 2002:199).

A conversão de Constantino, no ano 312, inaugurou o que Paroschi (1993:88), chama de "uma nova fase na história textual do NT", haja vista que, a promulgação de um acordo que estabelecia a liberdade religiosa aos cristãos acabou igualando o Cristianismo com as demais religiões do Império Romano, no que diz respeito à sua prática.

Ainda descreve Carroll (2002) que, o decreto dava direito a que todo homem cuidasse das coisas sagradas segundo sua livre vontade. Embora essa iniciativa tenha contribuído para o Cristianismo, facilitou a miscigenação das diferentes religiões e, consequentemente, a entrada do paganismo na igreja cristã, como afirma o autor:

> [...] os pagãos se dirigiam ao monoteísmo, considerando o deus Sol a Divindade suprema (*Summus Deus*). O caráter original de Constantino associava essa divindade suprema ao sol, e os pagãos reconheciam em seu culto solar práticas cristãs reforçadas por Constantino, como a orientação da igreja para o leste, o culto no dia do sol (domingo) e a celebração do nascimento da Divindade no solstício de

> inverno. A linha entre cristãos e judeus também não era clara, já que muitos cristãos aderiam tanto a práticas pagãs quanto a práticas judaicas, como recitar salmos, fazer leituras da Bíblia, bem como o uso de símbolos de culto judaico, como o peixe, o pão e a taça representando o vinho, por exemplo. (CARROLL, 2002:200),

Embora Licínio tenha concordado com o Édito de Milão, percebeu que a religião cristã estava sendo mais favorecida que os outros cultos "pagãos". Esse pensamento é corroborado por Veyne (2011), que afirma que o papel de Constantino não foi pôr fim às perseguições aos cristãos, haja vista que estas tinham já cessado havia dois anos, em 29 de outubro de 312, quando Constantino, após sua vitória na Ponte Mílvia, fez sua entrada solene em Roma, pela Via Lata (atual Via del Corso). Seu papel, portanto, foi o de fazer com que o Cristianismo fosse uma religião favorecida de forma muito mais ampla, diferenciada do paganismo.

Com isso, a influência do Cristianismo reforçava o poder de Constantino, diminuindo o de Licínio, que, vendo isso, passou a expulsar os cristãos dos serviços públicos do império oriental. Em consequência, Constantino declarou guerra contra Licínio.

> Em 324, na Batalha de Crisópolis, no lado oriental do Bósforo, Constantino derrotou Licínio, seu último rival político. Constantino se tornou o único governante do império. [...] Depois de Crisópolis, Constantino se tornou firme e publicamente cristão. Transformou-se, é claro, no mais importante cristão do mundo e, nessa época de fermentação social e religiosa, estava em posição de marcar o cristianismo com seu próprio caráter – e o fez. Esse caráter necessariamente refletiu a situação que ele havia acabado de enfrentar. [...] Como político [...] seu método era tolerar a diversidade e partilhar o poder somente quando era obrigado a isso. A unidade do império – sob ele próprio – era para ele a virtude política absoluta. [...] voltando-se para a religião, a unidade de crença e prática, não a tolerância da diversidade, é que tinha de parecer como o mais importante. (CARROLL, 2002:203).

A divisão entre Licínio e Constantino foi de grande importância para a igreja da época, conforme destacam Keneth, Stephen e Randy (2003:38): Constantino "assumiu o interesse imperial pela igreja, restaurou suas propriedades, deu-lhe dinheiro, interveio na controvérsia donatista e convocou os concílios eclesiásticos de Arles e de Nicéia". A derrota de Licínio possibilitou a Constantino reinar sozinho. Essa autoridade levou-o a buscar a unificação da religião do Império Romano, contrariando o edito de tolerância de Milão.

Constantino se julgava escolhido pelos deuses para unificar o império. Assim pensando, assumiu que unificar a religião do império era um mandato divino. Deu início, então, por volta de 320, a uma perseguição a todos os que não se afiliavam à religião cristã, quer fossem judeus ou pagãos. Os pagãos formavam a maioria do império e passaram a ser considerados como uma ameaça ao poder imperial agora cristão. Novamente usando de estratégia política, Constantino não forçou a conversão pagã, preferindo exercer a autoridade absoluta da igreja. Criou um calendário comum a todo o império eliminando diferenças regionais, diversidades teológicas e interferindo em datas e assuntos teológicos ainda não definidos claramente pelos cristãos, como, por exemplo, a data da Páscoa e a questão de Jesus ser Deus. Ele considerava que as diferenças religiosas eram impedimentos ao poder e, sendo assim, uma escolha religiosa diferente da estabelecida pela igreja cristã e por ele, passou a ser considerada traição, crime político (CARROLL, 2002).

A construção de uma nova capital do império romano foi uma escolha que originou conflitos na igreja, posteriormente. Segundo Keneth, Stephen e Randy (2003), Constantino não gostava de Roma, por isso, decidiu construir uma "nova Roma". Assim sendo, de 326 a 330, escolheu a cidade de Bizâncio, na divisa entre Europa e Ásia, para modificar sua estrutura ao seu gosto. A partir de 330, buscou terrenos bem situados, no alto de colinas, para construir igrejas ao estilo cristão, templos estes que se destacavam contra o céu. Mudou o nome da cidade para Constantinopla, hoje chamada Istambul, capital da Turquia. Essa decisão motivou mudanças tanto para a igreja quanto para o Estado.

De acordo com Frazão (2017), a decisão de construir Constantinopla, "a cidade de Constantino", foi estabelecer uma segunda capital para o império, devido à decadência em que Roma se encontrava. A cidade de Bizâncio foi escolhida por ser uma parte do império menos atingida pela crise do escravismo. Constantino chamava a cidade de "Nova Roma", para a qual transferiu a sede de seu governo.

De acordo com Cairns (1995:100),

> Este ato ajudou a dividir Oriente e Ocidente e abriu o caminho para o Cisma em 1054, mas providenciou um paraíso para a cultura greco-romana quando o ocidente caiu sob as tribos germânicas do século quinto. Ela tornou-se o centro do poder político no oriente e o bispo de Roma, após 476, foi deixado com poder político além do espiritual.

Com relação ao Cristianismo, a mudança da capital do Império Romano para Constantinopla acabou fortalecendo a influência do bispo romano, chefe da igreja em Roma, que passou a ser considerado como autoridade principal de toda a igreja. Apesar de Constantino pretender o contrário, a cidade de Roma passou a ocupar posição política maior que Constantinopla. Já tendo conquistado prestígio e poder, Roma passou, então, a afirmar seu direito de ser capital da igreja, e o bispo romano reclamou o trono de autoridade sobre o mundo cristão. A igreja, como organização, tinha os bispos como chefes, os quais governavam as igrejas em territórios do império. Esses bispos foram chamados patriarcas e se estabeleceram em Jerusalém, Antioquia, Alexandria, Constantinopla e Roma. Para governar sobre os bispos, Roma reclamou para si autoridade apostólica e o bispo romano tomou o título de "pai", mais tarde modificado para "papa". As disputas pela supremacia se concentraram entre o patriarca de Constantinopla e o papa de Roma. Como Roma tinha a vantagem da influência da antiga tradição imperial, mantinha uma doutrina conservadora e apresentava um cristianismo prático, Roma passou a ser a capital da igreja cristã (HURLBUT, 2002).

A esse respeito, Hurlbut (2002:107) salienta que:

> A transferência da capital de Roma para Constantinopla, longe de diminuir a influência do bispo ou papa romano, fê-la aumentar consideravelmente. Já verificamos que em Constantinopla o imperador e a corte dominavam a igreja; o patriarca, de um modo geral, estava sujeito ao palácio imperial. Entretanto, em Roma não havia imperador sobrepondo-se ao papa ou eclipsando-o. Portanto, o papa era a mais alta autoridade na região. A Europa inteira sempre olhara para Roma com certa reverência. Agora a capital do império estava longe; especialmente estando o próprio império em decadência, o sentimento de lealdade para com o papa, pouco a pouco, tomou o lugar da lealdade para com o imperador.

A mudança para Constantinopla foi marcada por mudanças na vida de Constantino que culminaram em sua morte. De acordo com Guy de la Bédoyère (2013), em 326, o imperador acreditou que Fausta, sua esposa, e Crispo, seu filho nascido da primeira esposa, Minervina, conspiravam contra ele e mandou executar a ambos. Em seguida, tornou seus três filhos – Constantino II, Constâncio II e Constante – bem como dois de seus sobrinhos – Dalmácio e Anibaliano, seus potenciais sucessores. Já em seu leito de morte, acometido de uma doença enquanto planejava a guerra contra os persas, Constantino foi batizado como cristão.

Segundo Hurlbut (2002:85), "o caráter de Constantino não era perfeito. Apesar de ser considerado justo, de um modo geral, contudo, ocasionalmente era cruel e tirano. Dizia-se que 'a realidade do seu cristianismo era melhor do que a sua qualidade'". Para o autor, ele o fato de que seu batismo ocorreu somente às vésperas da sua morte foi baseado na crença de que o ato do batismo lavava todos os pecados cometidos anteriormente, conforme era a ideia que circulava entre os cristãos, na época.

O batismo de Constantino diferenciou-se do batismo dos pagãos da época em vários sentidos. De acordo com Gonzáles (1997:30),

> Quando algum pagão se convertia ele era submetido a um longo processo de disciplina e ensino, para ter certeza de que o novo convertido entendia e vivia sua nova fé, e então ele era batizado. O novo convertido, então, seguia seu bispo como guia e pastor, para descobrir o significado de sua fé nas situações concretas da vida. O caso de Constantino foi bem diferente. Mesmo depois da batalha da Ponte Mílvia, e durante toda a sua vida, Constantino nunca se submeteu em nenhum aspecto à

> autoridade pastoral da igreja. Ele contava com o conselho de cristãos, como o erudito Lactâncio – tutor de seu filho Crispo – e o bispo Ósio de Córdoba – seu conselheiro para assuntos eclesiásticos – mas Constantino sempre se reservou o direito de determinar ele mesmo suas atitudes religiosas, pois considerava-se "bispo dos bispos". Repetidamente, mesmo depois da sua conversão, Constantino participou de rituais pagãos que eram proibidos aos cristãos comuns, e os bispos não levantaram a voz em protestos e condenação, como teriam feito em qualquer outro caso.

Entretanto, o próprio fato de não ser batizado foi significativo para o governo de Constantino, pois, de acordo com Veyne (2011), ele não teve de confessar publicamente sua fé, mantendo-se ao lado da Igreja e continuando a exercer sua devoção à religião imperial. Como ele não pertencia à Igreja, esta não tinha que lhe dar ordens, ao mesmo tempo em que ele podia interferir nas decisões da Igreja.

Esse entendimento é corroborado por Dreher (2004), que afirma, quanto à conversão de Constantino, sua referência política de controle e condução da nova religião tendo em vista seus próprios interesses.

> Quanto mais reconhecia a importância da Igreja para sua política de governo, tanto mais desapareciam as formas do culto a Mithras que ainda eram conservadas, tais como monumentos e moedas, mas a linguagem simbólica do *sol invictus* ficou. Também ficou o culto ao imperador, que agora era apoiado pelos teólogos da corte que acompanhavam o governante. Podemos compreender os louvores e agradecimentos que o episcopado apresentava ao imperador. Era festejado em toda a parte como o salvador, o segundo Moisés, homem escolhido por Deus como seu instrumento. Ele próprio se via no papel de executor da vontade de Deus. No fundo, compreendia-se como o dono da Igreja, que tinha que obedecer às suas ordens. Como vigário terrestre da "suprema divindade", ele também não estava preso à ética que valia para os súditos cristãos. Era ele mesmo quem considerava válida ou não uma ação sua; era juiz de seus próprios atos. (DREHER, 2004. p. 60).

De igual forma, conforme Blainey (2012), Constantino havia se aproximado da igreja cristã durante sua vida, porém, permaneceu independente até praticamente a sua morte. Quando pediu para ser batizado nas margens do rio Jordão, a doença já não permitiu a ele fazer viagens longas, sendo então batizado onde estava. Por ter se colocado como protetor do cristianismo e da igreja sentia-se como um dos apóstolos de Cristo e, por isso, escolheu como lugar para seu descanso final a Igreja dos Santos Apóstolos. Quando morreu, em Nicomedia (atual Izmit, Turquia), em 22 de maio de 337, foi sepultado junto ao altar, em meio às relíquias de São Pedro e outros santos. Mais tarde, esse fato foi considerado quase um sacrilégio, sendo então seu corpo removido para um mausoléu.

Após sua morte, seus filhos Constantino II, Constâncio II e Constante foram nomeados pelo Senado romano como augustos iguais entre si, mas se envolveram em luta pela sucessão levando o caos a Constantinopla.

Segundo Carroll (2002), da família de Constantino só restaram os três filhos e dois homens. Constantino II desafiou Constante em 340 e foi morto. Constante governou o Ocidente por uma década até ser assassinado por um homem de seu próprio exército. Constâncio, por volta de 355, conseguiu restabelecer o controle sobre o império. Em 361 Juliano, filho de um meio-irmão de Constantino, sucedeu ao trono, mas reinou por menos de dois anos, tentando fazer voltar a revolução constantiniana. Embora Juliano tenha sido educado como cristão, é lembrado como o último imperador pagão. Os sucessores de Juliano modificaram suas intenções e restauraram os privilégios que a igreja perdera em seu governo.

Dessa maneira, o reinado de Constantino parece ter apresentado um império bem protegido e invencível, tal como havia sido nos governos de Marco Aurélio e de Augusto. Todavia, estava corrompido pela decadência moral e política, o que possibilitou a invasão dos povos bárbaros (nome dado pelos romanos aos demais povos, exceto a si mesmos, aos gregos e aos judeus), que derrubaram os muros do império ocidental no ano 337, 25 anos após a morte de Constantino, penetrando nas províncias indefesas e apoderando-se dos territórios para estabelecer reinos independentes. Com isso, o império romano ocidental se extinguiu após um período de mil anos (HURLBUT, 2002).

CAPÍTULO 2

CONTRIBUIÇÕES PARA O CRISTIANISMO

A decisão de Constantino pela religião cristã produziu mudanças importantes na igreja que repercutiram ao longo do tempo. Sua influência para o Cristianismo resultou em aspectos positivos e negativos que incorporaram à história cristã desde o seu governo. Neste tópico são analisadas algumas das influências de Constantino para a igreja cristã que propiciaram o fim das perseguições aos cristãos e a liberdade de religião aos seguidores do Cristianismo.

2.1 FIM DAS PERSEGUIÇÕES E LIBERDADE RELIGIOSA

A perseguição aos cristãos foi ordenada por diversos imperadores, entre eles Nero, Domiciano, Trajano, Marco Aurélio, Septímio Severo e Diocleciano, que perpetrou a última perseguição na segunda metade do século 3. Contudo, salienta Salomão (2014) que esses eventos persecutórios da nova religião tinham um caráter mais político do que propriamente religioso, tendo em vista que, o Cristianismo tinha influência sobre a grande massa dos excluídos da sociedade romana (mulheres, pobres e escravos), o que lhe dava um caráter socialmente perigoso.

Salomão (2014) afirma que, graças à mensagem redentora do Cristianismo, mensagem esta de igualdade e pacifismo, os adeptos aceitavam o martírio e suscitavam mais aceitação por parte do povo, que via uma contradição favorável da nova religião em comparação à oferta do estado romano, cuja base social e política contribuía para a desigualdade e a escravidão, obrigando as pessoas a divinizarem os imperadores e a cultuarem os deuses romanos. Os cristãos, com suas práticas de adorarem a Cristo somente, recusavam-se a cultuar a deusa Roma, símbolo da unidade imperial, na qual os imperadores exigiam sua divindade. Assim sendo, mediante um crescimento acentuado da população cristã, no início do século 4, o imperador Constantino concedeu liberdade de culto aos cristãos numa estratégia política que acabou contribuindo para a expansão do Cristianismo pelo mundo.

Sem dúvida, pode-se afirmar que, uma das principais decisões em favor do Cristianismo foi o fim das perseguições aos cristãos. Conforme já comentado acima, o crescimento do Cristianismo foi percebido pelos governantes do Império como um perigo, já que deixou de ser uma simples seita para se tornar uma religião de tamanhos e proporções grandiosas, o que criou certo temor por parte do povo romano e de seus governantes.

Após a morte e ressurreição de Jesus Cristo, um pequeno grupo de pessoas, composto pelos apóstolos, Maria mãe de Jesus e seus irmãos, passaram a se reunir em um pequeno salão, à espera do cumprimento da promessa do Espírito Santo (Atos 1:8). À época do Pentecostes somavam 120 pessoas (Atos 1:15) aumentando em seguida para cerca de 3.000 (Atos 2:41), continuando a crescer o número de discípulos, em Jerusalém (Atos 6:7). Do testemunho dos cristãos e das viagens missionárias dos apóstolos, resultou na expansão do Cristianismo por todo o Império Romano, sendo que, ainda no primeiro século, a igreja cristã já contava com mais de um milhão de fiéis, segundo Barret (1982).

Por volta do ano 100 d.C., o Cristianismo se fazia presente em cidades da Ásia Menor, Palestina, Síria, Macedônia, Grécia, Roma, Itália, Alexandria e, provavelmente, até na Espanha. E continuou a crescer geográfica e numericamente nos primeiros três séculos, como comenta Nichols (1992:34):

> Entre o ano 100 d.C. e o reinado de Constantino, o Cristianismo alcançou maravilhoso progresso. Em 313, era a religião dominante na Ásia Menor, região muito importante do mundo de então, como na Trácia e na longínqua Armênia. A Igreja se constituíra numa influência civilizadora muito poderosa na Antioquia, na Síria, nas costas da Grécia e Mesopotâmia, nas ilhas gregas, no norte do Egito, a província da África, na Itália, no sul da Gália e na Espanha. Era menos forte em outras partes do império, inclusive a Britânia. Era fraca, naturalmente, nas regiões mais remotas, como a Gália central e do norte. Em todas essas regiões a Igreja alcançou povos das mais variadas línguas, que não faziam parte da civilização greco-romana [...] O cristianismo não tinha alcançado somente os limites do império; mesmo o leste da Síria e a Mesopotâmia receberam influência poderosa (NICHOLS, 1992:34).

A expansão do Cristianismo foi tanta que, mesmo experimentando perseguições e perdas, em torno de "50% da população do império, que era composta de 25 milhões de habitantes, era cristã" ao final do terceiro século, conforme Deiros (2005:80).

De acordo com Hurlbut (2002), os primeiros cristãos eram associados ao Judaísmo, religião permitida pelo Império, e essa suposta relação preservou-os da perseguição. Após a destruição de Jerusalém, em 70 d.C., o Cristianismo passou a sofrer acusações e perseguições, em especial pelas práticas secretas de algumas atividades (como as reuniões secretas, a celebração da Ceia do Senhor) e de suspeitas de condutas anarquistas ou perturbadoras da ordem social (não adoração de ídolos, igualdade entre os cristãos) que acabaram produzindo uma visão de que os cristãos poderiam ser inimigos do Estado romano.

A esse respeito comenta Cairns (1995:70):

> Enquanto era vista pelas autoridades como parte do judaísmo, que era uma *religio licita,* isto é, uma seita legal, a Igreja sofreu pouco. Mas logo que foi distinguido do judaísmo como seita separada e pôde ser classificado como sociedade secreta, o cristianismo recebeu a interdição do estado romano que não admitia nenhum rival à obediência por parte de seus súditos. Tornou-se então, uma *religio ílicita,* uma religião ilegal, considerada como ameaça à segurança do estado romano. O estado era o supremo bem em uma união dele com a religião. Não poderia haver religiões particulares.

No primeiro século, as perseguições ocorriam em consequência de delírio e ódio pessoal de alguns imperadores, a exemplo de Nero (66-68) e Domiciano (90-95) e foram esporádicas, durando pouco tempo. Cairns (1995:72) comenta que a perseguição aos cristãos era eclesiástica e política, partindo dos próprios judeus, inicialmente, e depois pelo império. "Durante os primórdios da Igreja em Jerusalém, os judeus foram os perseguidores. Somente no governo de Nero (54-68) as perseguições partiram do estado romano. Estas perseguições foram locais e esporádicas até 250, quando se tornaram gerais e violentas, começando com uma dirigida por Décio".

No governo da maioria dos imperadores os cristãos não sofreram perseguições severas ou tinham direito a se justificar, sendo executados apenas alguns, considerados mártires pela história cristã. No segundo século a perseguição retornou com Septímio Severo, no ano 202 e durou até 211. Severo promoveu perseguição em todos os lugares do império, principalmente no Egito e norte da África. Sua índole cruel foi considerada por alguns escritores cristãos como sendo ele o anticristo. Embora tenha havido um período de relativa tranquilidade para a igreja cristã após Severo, do ano 250 até 313 d.C. ocorreu uma das mais sistemáticas e implacáveis perseguições aos cristãos, concentrando-se nos governos de Diocleciano e seus sucessores, a partir de 303 (HURLBUT, 2002).

Conforme Keneth, Stephen e Randy (2003), as perseguições aos cristãos ocorreram em meio à reestruturação do poder imperial promovida por Diocleciano, que dividiu o Império Romano em Oriente e Ocidente, colocando-se como imperador do Oriente e dando o governo do Ocidente a Maximiano. Cada imperador possuía um vice-imperador, ou césar. Os césares eram Constâncio Cloro, no Ocidente, e Galério, no Oriente. Galério era radicalmente anticristão. Juntamente com os imperadores, Galério visou constituir uma única religião imperial, a exemplo de já ter o império uma moeda única e um sistema político único. Assim sendo, a partir do ano 298, os governantes retiraram os cristãos do exército e do serviço civil e, em 303, deu-se início à perseguição, iniciando com a destruição de igrejas, confisco das Escrituras e proibição de reuniões.

Sobre a retirada dos cristãos do exército, Carroll (2002:184) explica que, entre os militares romanos, era comum a adoração ao deus Mitra. Os cristãos que faziam parte do exército eram pressionados a participar do culto ao deus persa mas, em geral, recusavam. Por isso, durante a perseguição de 303, eles foram impedidos de participar do exército romano.

Na sequência, em 305, apesar de os imperadores Diocleciano e Maximiano já terem deixado seus postos, Galério desencadeou uma perseguição brutal que resultou na morte de muitos cristãos, até o ano 310. Em 311, já no leito de morte, Galério mudou de ideia e, desistindo de lutar contra o Cristianismo, promulgou o Édito de Tolerância, permitindo que os cristãos se reunissem livremente desde que não atentassem contra a ordem pública (KENETH; STEPHEN; RANDY, 2003).

No império do Ocidente, embora leal a Diocleciano, Constâncio era mais indulgente com relação aos cristãos, não havendo relato de perseguições aos mesmos, como ocorria no Oriente. Após sua morte, no ano 306, seu filho Constantino foi proclamado governador em seu lugar, apesar de Maximiano tentar colocar seu filho Maxêncio no poder. Constantino aliou-se ao general Licínio, dividindo com este o poder sobre o Ocidente e venceu a batalha sobre Maxêncio. E, no ano 313, Constantino e Licínio emitiram o Édito de Milão, pelo qual garantiam a liberdade religiosa no império a quaisquer cultos que os homens desejassem. Com isso, a igreja cristã "passou de perseguida a privilegiada" (KENETH; STEPHEN; RANDY, 2003:38).

A esse respeito, Veyne (2011), comenta que, na reunião de Constantino e Licínio, em Milão, tanto o culto pagão quanto o culto cristão passaram a ser igualmente admitidos. Contudo, o Império continuava pagão e Constantino permaneceu sendo o Grande Pontífice, título atribuído aos imperadores romanos. A vantagem de Constantino, ao liberar o culto cristão sem obrigar os pagãos a se converterem, foi a de evitar um levante destes contra ele e o cristianismo.

Conforme Cairns (1995), Constantino abriu caminho para a liberdade religiosa como uma política do Império tendo em vista o controle do povo, mas, também, um meio de demonstrar sua fé na religião que tomava proporções significativas.

> Constantino cria que a "adoração a Deus" deveria ser "o primeiro e o principal cuidado" do governante, por isso ele pensava que não poderia haver outra alternativa senão a liberdade religiosa como política do Império. Talvez a tradição de que ele teve uma visão da Cruz, que lhe deu a certeza da vitória sobre seus rivais tenha algo a ver com esta política tolerante. Certamente ele estava adiante de sua época, pois somente no período moderno a liberdade religiosa tornou-se norma, mesmo nos estados democráticos. Daquele tempo em diante, os cristãos tinham liberdade para

> adorar a Deus e propagar o evangelho a outras pessoas a fim de ganhá-las para Cristo. (CAIRNS, 1995:76).

Ressalte-se que o impacto da conversão de Constantino sobre a vida da igreja foi grande e sobre ela González (1997:35) assim se referiu:

> Naturalmente a consequência mais imediata e notável da conversão de Constantino foi o fim das perseguições. Até então os cristãos tinham vivido em constante temor de uma nova perseguição, mesmo em tempos de relativa paz. Depois da conversão de Constantino esse temor se dissipou. Os poucos governantes pagãos que houve depois dele não perseguiram os cristãos, somente tentaram restaurar o paganismo por outros meios. Tudo isso produziu em primeiro lugar o desenvolvimento do que poderíamos chamar de uma "teologia oficial". Deslumbrados com o favor que Constantino evidenciava em relação a eles, não faltaram cristãos que se empenhavam em provar que Constantino era o eleito de Deus, e que sua obra era consumação da história da igreja.

Dessa forma, as perseguições cruéis desencadeadas por Diocleciano foram coibidas no governo de Constantino e Licínio. Conforme Cairns (1995:100), Constantino "compreendeu que se o Estado não podia destruí-la pela força, o melhor seria usar a Igreja como um aliado para salvar a cultura clássica". Ele entendeu que a repressão ao Cristianismo tinha um efeito contrário ao esperado pelos governantes romanos. Ao invés de refrear o crescimento da religião cristã, a perseguição inspirava outros mais a aceitaram a fé em Jesus Cristo. Dessa maneira, por diversas razões, Constantino acabou contribuindo para que o Cristianismo se propagasse livremente.

2.2 PROTEÇÃO E FAVORECIMENTO DA IGREJA

Nos anos posteriores ao Édito de Milão, a igreja cristã obteve grandes vantagens sobre as demais religiões. As igrejas receberam suas propriedades de volta, receberam auxílio financeiro e apoio direto do governo romano. Blainey (2012:65) destaca que Constantino ordenou que o Estado desse auxílio financeiro aos sacerdotes que trabalhavam no norte da África pela "legítima e sagrada religião católica".

Também o sistema de cobrança de impostos passou a beneficiar as igrejas e propriedades cristãs. Frazão (2017) cita ainda a eliminação dos espetáculos de gladiadores, no Coliseu romano e a proibição de que condenados fossem jogados às feras.

Isso demonstra que a religião cristã estava já sendo dividida, fortalecendo-se a igreja Católica Apostólica Romana, a partir do quarto século. Contudo, diversos grupos de cristãos se afastavam da igreja, considerando que a mesma se tinha corrompido, como é o caso dos donatistas, os nestorianos e outros, que diferiam da igreja católica por questões doutrinárias, políticas e raciais. Esses grupos pretendiam viver o cristianismo tal como fora ensinado originalmente por Cristo e pelos apóstolos (NICHOLS, 1992).

Para Hurlbut (2002), o reconhecimento do Cristianismo como religião preferida pelo imperador trouxe bons resultados tanto para o povo como para a igreja. Dentre as ordens decretadas por Constantino e seus sucessores destacam-se: a abolição da crucificação, a repressão do infanticídio e do escravismo, as lutas de gladiadores foram proibidas, assim como o jogar na arena os condenados para as feras.

Explicando os elementos acima, Hurlbut (2002:89) descreve que, a crucificação era uma forma comum de castigo para os criminosos, exceto para os cidadãos romanos, os únicos que tinham direito a ser decapitados, se fossem condenados à morte. Porém a cruz, emblema sagrado para os cristãos, foi adotada por Constantino, como distintivo de seu exército e foi proibida como instrumento de morte.

As questões do infanticídio e do escravismo permeavam a sociedade da época. Na história de Roma e suas províncias, era fato comum que qualquer criança que não fosse do agrado do pai, podia ser asfixiada ou "abandonada" para que morresse. Algumas pessoas dedicavam-se a recolher crianças abandonadas; criavam-nas e depois vendiam-nas como escravos. A influência do Cristianismo imprimiu um sentido sagrado à vida humana, até mesmo à das crianças, e fez com que o infanticídio fosse banido do império.

Através de toda a história da república e do Império Romano antes que o Cristianismo chegasse a dominar, mais da metade da população era escrava, sem nenhuma proteção legal. Qualquer senhor podia matar os escravos que possuía, se o desejasse. Durante o domínio de um dos primeiros imperadores, um rico cidadão romano foi assassinado por um de seus escravos. Segundo a lei, como castigo todos os trezentos escravos daquele cidadão foram mortos, sem levar-se em consideração o sexo, a idade, a culpa ou a inocência. Entretanto, a influência do Cristianismo tornou mais humano o tratamento dado aos escravos. Foram-lhes outorgados direitos legais que antes não possuíam. Podiam, de acordo com a lei, acusar seu amo de tratamento cruel, e a emancipação foi assim sancionada e fomentada. Dessa forma as condições dos escravos foram melhoradas e a escravidão foi gradativamente abolida. (HURLBUT, 2002:89-90).

A proibição das lutas de gladiadores também foi um dos atos notórios do governo de Constantino. Essa lei foi posta em vigor na nova capital de Constantino, onde o hipódromo jamais foi contaminado por homens que se matassem uns aos outros para prazer dos espectadores. Contudo, os combates ainda continuaram no anfiteatro romano até ao ano 404, quando o monge Telêmaco invadiu a arena e tentou apartar os gladiadores. O monge foi assassinado, porém, desde então, cessou a matança de homens para prazer dos espectadores. (HURLBUT, 2002:90).

Mediante a promulgação de outros editos Constantino possibilitou não apenas a recuperação das propriedades confiscadas, mas, também, deu subsídios para que a igreja se tornasse mais forte e influente, isentou o clero do serviço público, proibiu práticas de adivinhações e previsões e separou um dia específico para guarda religiosa condizente com os propósitos religiosos do Império, o dia do Sol, como dia de descanso e culto. Assumiu posição de liderança teológica ao convocar o Concílio de Nicéia, em 325, e arbitrar a controvérsia ariana. Com essas atitudes, Constantino garantiu a liberdade religiosa aos cristãos e propiciou favores para a Igreja (CAIRNS, 1995).

> Constantino revolucionou a posição do Cristianismo em todos os aspectos. Primeiramente, como já foi dito, ele e Licínio, em 313, estabeleceram completa liberdade religiosa que proporcionou igualdade de direitos a todas as religiões. Depois mostrou-se favorável ao Cristianismo, fazendo ofertas valiosas para a construção de igrejas, manutenção do clero e isentando-o dos impostos. Juntou as águias dos seus estandartes ao lábaro, o símbolo de Cristo. Afinal, entrou ativamente nos assuntos da igreja, tentando dirimir disputas doutrinárias. Por todo esse tempo não foi cristão professo, pois não recebeu batismo até pouco tempo antes de morrer. Ele não tornou o Cristianismo a religião oficial do império. A antiga religião do Estado foi mantida, e Constantino continuou como seu pontífice *maximus* ou sumo sacerdote. Mas seu interesse e auxílio deram ao Cristianismo uma posição de indiscutível prestígio. (NICHOLS, 1992:48-49).

Segundo Cairns (1995), após sua morte, os filhos de Constantino continuaram a favorecer a igreja, promulgando editos que proibiam sacrifícios pagãos e a frequência aos templos pagãos. No reinado de Juliano os privilégios da igreja cristã foram retirados, voltando a ser concedida liberdade plena de culto e auxílio para o avanço da filosofia e da religião pagã. Contudo, esse retrocesso foi apenas temporário, sendo continuados os privilégios à igreja cristã pelos reis seguintes. O imperador Graciano renunciou ao título de Pontífice Máximo e Teodósio I, em 380, tornou o cristianismo religião oficial do Império com punição daqueles que seguissem outra forma de culto. Em 392, o Edito de Constantinopla proibiu o paganismo e, em 529, Justiniano determinou o fechamento da escola de filosofia de Atenas.

A influência das decisões de Constantino, portanto, foi sentida nos governos posteriores, a exemplo de Teodósio que, no fim do século IV, oficializou a igreja cristã Católica, tornando-a a única religião admitida no império. Sobre o fato Deiros (2005:84) comenta:

> Constantino chegou a ser o único imperador do Império Romano a partir de 323, depois de derrotar um de seus opositores, Licinio. No ano 325 fez uma exortação geral para que todo o povo do Império se tornasse cristão. Esta decisão influenciou grandemente a Teodósio o Grande, que começou a reinar em 378, e em 380 colocou o cristianismo como religião oficial do Império Romano.

O edito de Teodósio, em 28 de fevereiro de 380, promulgado em Tessalônica, assim dizia: "Todos os povos devem aderir-se a fé transmitida aos romanos pelo apóstolo Pedro e professada pelo pontífice Dámaso e o bispo Pedro de Alexandria, quer dizer, reconhecer a Santa Trindade do Pai, do Filho e do Espírito Santo" (DEIROS, 2005:84).

Conforme Nichols (1992), a contribuição de Constantino para o desenvolvimento da igreja cristã foi essencial pois, livre da perseguição, pode desenvolver sua obra com maior poder tanto no Império, pregando aos da antiga população e aos pagãos bárbaros que vinham se estabelecer na região, como também em novos campos de trabalho, já que o trabalho missionário era encorajado. O Cristianismo, assim, se espalhou durante o quarto e quinto séculos, "nas partes do império onde a religião ainda não se tinha formado, especialmente na Grécia, alto Egito, norte da Itália, Espanha, França e nas terras ao longo do Reno e do Danúbio. Na Britânia, [...] surgiu, no 4° século, uma igreja vigorosa" (*idem*:49).

Dessa maneira, conquanto o Cristianismo tenha se tornado religião majoritária no Império Romano, a partir de Constantino, algumas decisões do imperador levaram a controvérsias teológicas que resultaram em mudanças essenciais ao Cristianismo primitivo. Entre essas decisões destacam-se, na sequência, a lei dominical e o concílio de Nicéia.

CAPÍTULO 3

O EDITO DE CONSTANTINO (LEI DOMINICAL)

As mudanças que ocorreram durante o reinado de Constantino modificaram a religião cristã em muitos aspectos. Destaca-se nesse capítulo o Edito de Constantino, que teve relevância na forma como o Cristianismo foi sendo forjado a partir de então.

O Edito de Constantino foi promulgado em 7 de março de 321. Trata-se de um ordenamento a respeito do dia de descanso que Constantino passou a adotar para o Império Romano tendo em vista unificar o Estado também com relação a um dia específico para descanso, haja vista que o Édito de Milão declarava liberdade de culto a todos os povos. O texto do *Codex Justinianus* (livro 3, titulo 12, parágrafo 2), traz o seguinte teor:

> Que todos os juízes, e todos os habitantes da cidade, e todos os mercadores e artífices **descansem no venerável dia do Sol**. Não obstante, atendam os lavradores com plena liberdade ao cultivo dos campos, visto acontecer amiúde que nenhum outro dia é tão adequado à semeadura do grão ou ao plantio da vinha; daí o não se dever deixar passar o tempo favorável concedido pelo céu. (*apud* WHITE, 1985:680). grifo nosso

A decisão de Constantino apoiava a adoração ao deus Sol, a quem o imperador se afiliava, mas também abriu espaço para a aceitação da mudança do dia de descanso judaico ao Cristianismo, que já vinha apresentando, desde o século II, uma tendência a honrar o domingo em lugar do sábado.

Conforme Walker (2006:151), Constantino, tal como seu pai, "se havia associado com o vago monoteísmo solar popularizado pelo imperador Aureliano - um culto inteiramente em consonância com as sensibilidades pagãs". Desse modo, a decisão de guardar o primeiro dia da semana foi um ato de adoração ao deus desse dia, o Sol Invictus, ou, também, Mitra.

Carroll (2002:198), explica que, o Sol Invicto era entendido como "a única Divindade universal", assim proclamado por Aureliano, em 274. O culto ao Sol Invictus estava ligado ao Deus Mitra, considerado como o deus-soldado. O Mitraísmo era uma religião indo-iraniana, trazida da Pérsia pelos romanos e se espalhou pelas regiões mais afastadas do Império. Sob o governo de Aureliano (270-275) o Mitraísmo se tornou a religião oficial do Império Romano.

O dia reservado à adoração a Mitra, ou ao "Sol Invicto", era o primeiro dia da semana, sendo então, por ordem imperial romana, esse dia estabelecido como feriado pela primeira vez em homenagem ao deus Sol. O culto a Mitra constituiu-se em um desafio ao Cristianismo nos primeiros quatro séculos da era cristã, por ser ele o grande concorrente do cristianismo na época (FLUCK, 2009).

Segundo Carroll (2002), a religião de Mitra tinha se tornado popular entre os militares romanos. Os cristãos que faziam parte do exército sentiam-se pressionados a participar do culto a Mitra, mas, em geral, recusavam. Durante as perseguições aos cristãos na era Diocleciano esse ponto foi utilizado para retirar os cristãos dos exércitos, já que os mesmos não aceitavam outra adoração a não ser a Cristo. Sob Constantino, principalmente após o Edito de Milão, o dia do Sol passou a ser considerado um dia de festividade pública que incluía a todos, romanos, pagãos e cristãos.

Carroll (2002) comenta que o caráter original de Constantino associava a divindade suprema com o Sol. À sua época alguns costumes pagãos já eram reconhecidos nas práticas cristãs, como a orientação das igrejas para o leste, a realização de cultos no dia do Sol (domingo) e a celebração da divindade no solstício de inverno.

Este autor explica que, em virtude de conflitos entre judeus e cristãos, algumas práticas passaram a ser adotadas pela igreja de Roma com a intenção de diferenciar o Cristianismo do Judaísmo, entre estas, a mudança do dia de descanso semanal.

A cidade de Roma reclamou o direito de ser capital da igreja, esforçando-se para tornar o bispo de Roma, chamado de papa, autoridade apostólica sobre o mundo cristão. Para isso fizeram surgir a tradição de que Pedro foi o primeiro papa. Os bispos de Roma influenciaram a igreja cristã a partir das tradições dos imperadores romanos e da doutrina que afirmavam manter intacta. Segundo Hurlbut (2002:74),

> Juntamente com o desenvolvimento da doutrina teológica, desenvolviam-se também as seitas, ou como lhes chamavam, as heresias na igreja cristã. Enquanto a igreja era judaica em virtude de seus membros, e até mesmo depois, quando era orientada por homens do tipo judeu como Pedro e até mesmo Paulo, havia apenas uma leve tendência para o pensamento abstrato e especulativo. Entretanto, quando a igreja em sua maioria se compunha de gregos, especialmente de gregos místicos e desequilibrados da Ásia Menor, apareceram opiniões e teorias estranhas, de toda sorte, as quais se desenvolveram rapidamente na igreja. Os cristãos do segundo e terceiro séculos lutaram não só contra as perseguições do mundo pagão, mas também contra as heresias e doutrinas corrompidas, dentro do próprio rebanho.

Na época de Constantino, este "compreendeu que a cidade de Roma estava intimamente ligada à adoração pagã, cheia de templos e estátuas, e o povo inclinado à antiga forma de adoração; enfim, uma cidade dominada pelas tradições do paganismo" (HURLBUT, 2002:93). Contudo, a transferência da capital de Roma para Constantinopla só fez aumentar a influência do papa abrindo caminho para pretensões ainda maiores nos séculos futuros.

Dessa forma, Roma foi evidenciando diferenças entre os judeus e os cristãos, o que acabou acarretando conflitos entre estes que culminaram na adoção de práticas segregadoras. Segundo Carroll (2002:191), "o fundamento do conflito entre cristãos e judeus foi estabelecido [...] na primeira década depois da morte de Jesus – aquele 'círculo de cura'. Nos séculos subsequentes, tomou forma por trás do 'andaime instável das profecias hebraicas' [...]. Mas o foco do conflito foi a cruz [...]".

De acordo com Bacchiocchi (1977:100) "a adoção do domingo como novo dia de adoração pode ter ocorrido primeiro em Roma, como parte deste processo de diferenciação do judaísmo". Essas práticas estavam sendo introduzidas, principalmente, pela igreja de Roma, a partir do século I. Ressalte-se que os primeiros cristãos, desde Jesus até os apóstolos, mantinham a fé original, tendo como dia de guarda o sábado.

Esse fato é confirmado por Timm (2012), o qual afirma que a primeira evidência histórica sobre cristãos observando o domingo é encontrada na metade do segundo século depois de Cristo.

Também White (1985:50) afirma essa evidência e aponta para mudanças posteriores:

> Nos primeiros séculos o verdadeiro sábado foi guardado por todos os cristãos. Eram estes ciosos da honra de Deus, e, crendo que Sua lei é imutável, zelosamente preservavam a santidade de seus preceitos. [...] Para que a atenção do povo pudesse ser chamada para o domingo, foi feito deste uma festividade em honra da ressurreição de Cristo. Atos religiosos eram nele realizados; era, porém, considerado como dia de recreio, sendo o sábado ainda observado como dia santificado.

Bacchiocchi (1977:147), afirma a respeito que "a observância do domingo originou-se em Roma no início do segundo século, e não em Jerusalém no período apostólico". Ainda segundo o autor, em Roma, o culto ao *Sol Invictus Mithra* existia desde o primeiro século, e era realizado no primeiro dia da semana. Com a expansão do Cristianismo pelo Império romano, em todas as partes os cristãos cultuavam no sábado. Porém, em Roma e em Alexandria, essa prática foi sendo abolida dando lugar a um costume diferente. Especialmente em Roma se fortalecia a tendência de aceitar o domingo como dia do Senhor festivo, em contrapartida ao sábado, que passou a ser visto como um dia de jejum e lamentação por causa do Judaísmo, mas também, pela introdução de práticas pagãs em conformidade com as tradições romanas.

O sábado, em Roma, foi sendo considerado "não somente como um dia de jejum, mas também um dia no qual não se permitiam celebração eucarística alguma, nem reuniões religiosas" (BACCHIOCCHI, 1977:109). Essa prática foi incorporada a partir do século II, sendo confirmada como uma tradição da igreja pelo papa Inocêncio I (402-417 d.C.). Assim, conforme descreve Sócrates, citado por Bacchiocchi (*id., ib.*), "embora quase todas as igrejas por todo o mundo celebram os mistérios sagrados no sábado de cada semana, os cristãos de Alexandria e Roma, porém, em virtude de alguma tradição antiga, cessaram de fazê-lo". Nesse mesmo caminho outro historiador, Sozomen (*ibid.*) confirma que "o povo de Constantinopla, e quase de todos os lugares, reúnem-se no sábado, bem como no primeiro dia da semana," tal "costume nunca é observado em Roma ou em Alexandria".

Desse modo, corroborando com Bacchiocchi (1977), pode-se afirmar que a igreja de Roma foi esvaziando o sábado de sua significação teológico-litúrgica, desempenhando um papel fundamental ao instar pelo abandono de sua observância. O autor esclarece o tema, demonstrando como a igreja de Roma introduziu práticas pagãs ao cristianismo utilizando-se de subterfúgios teológicos e políticos para facilitar a mudança da observância do sábado para o domingo, fato concretizado a partir de Constantino.

> A exortação para jejuar no sábado, acompanhada da proibição de celebrar a Ceia do Senhor e realizar reuniões religiosas neste dia, representam medidas definitivas tomadas pela igreja de Roma, por um lado, para desviar os cristãos da observância do sábado, e, por outro lado, para fomentar exclusivamente o culto do domingo. (BACHIOCCHI, 1977:109).

Em explicação sobre a tradição romana de cultuar o primeiro dia da semana, Timm (2012) explica que o cristianismo dos primeiros séculos absorveu elementos de origem pagã, próprios da cultura do Império romano, a exemplo do culto ao sol de origem persa (mitraísmo). Os mitraístas romanos veneravam o sol *Invictus* no domingo e celebravam seu nascimento no dia 25 de dezembro. Dessa maneira, tendo sido influenciados a harmonizar o Sol Invictus com o Sol da Justiça do Cristianismo (Jesus), muitos cristãos passaram a adorar a Cristo no domingo por influência da igreja de Roma. Esse costume foi institucionalizado com o imperador Constantino, devoto adorador de Mitra, mediante o decreto de 321.

Embora Constantino fosse adorador do Sol, também tendia ao Cristianismo. Como destaca White (1985:50-51),

> O imperador Constantino promulgou um decreto fazendo do domingo uma festividade pública [...] O dia do Sol era venerado por seus súditos pagãos e honrado pelos cristãos; era política do imperador unir os interesses em conflito do paganismo e cristianismo. Com ele se empenharam para fazer isto os bispos da igreja, os quais, inspirados pela ambição e sede do poder, perceberam que, se o mesmo dia fosse observado tanto por cristãos como pagãos, promoveria a aceitação nominal do cristianismo pelos pagãos, e assim adiantaria o poderio e glória da igreja.

Borges (2017) esclarece que: o nome 'domingo' vem do latim *Dies Dominicus* (dia do Senhor), tendo a intenção de celebração da ressurreição de Jesus pelos cristãos. Porém, no alvorecer do cristianismo, com Jesus, este dia era considerado o primeiro dia da semana e não o sétimo: o dia bíblico de descanso continuava sendo o sábado, tal como era para os judeus. O Novo Testamento enfatiza que, os apóstolos se reuniram aos domingos para o partir do pão. Isso não significa que o sábado (em hebraico "descanso") tinha perdido seu lugar como um dia de descanso obrigatório. Além disso, na Roma antiga chamavam o domingo de *dies solis* (dia do Sol: daí o inglês *Sunday* ou o alemão *Sonntag*), porque foi dedicado à divindade pagã chamada *Sol Invictus*, muito importante no culto imperial. E foi justamente o imperador romano, Constantino, o Grande, que fundiu as duas tradições em uma. Assim, o mesmo César que legalizou a religião cristã pelo Edito de Milão, em 313 – que mais tarde fundaria Constantinopla como capital romana do Oriente e seria santificado – decretou em 7 de março de 321 que o antes chamado *dies Solis* seria observado como feriado civil obrigatório.

A respeito da mudança do calendário realizado por Constantino, beneficiando o primeiro dia da semana em lugar do sétimo dia, Veyne (2011) demonstra a relação que foi feita entre a semana baseada na astrologia popular pagã e o calendário judeu-cristão.

> [...] nossa semana deve tanto à astrologia popular pagã quanto ao judeu-cristianismo — e isso permitiu a Constantino contentar os cristãos sem contrariar os pagãos. Por simples coincidência com a semana judia, a doutrina astrológica ensinava a pôr cada dia sob o signo de um planeta, do qual assumia o nome; e, como havia sete planetas (entre os quais o sol, que por essa época girava em torno da terra, acreditava-se), chegava-se a um ritmo de sete dias, um dos quais (*Sunday, Sonntag*) estava sob o signo astrológico do sol. Essa doutrina teve um tal sucesso que os pagãos, sem adotar um ritmo hebdomadário, conheciam os nomes astrológicos dos sete dias; sabiam assim se o dia era de bom ou de mau augúrio. (VEYNE, 2011, p. 61).

Ainda comenta o autor que, em virtude do costume de se decretar o *justitium* (data em que toda atividade estatal era suspensa para honrar nobres falecidos, ou em ato de declaração de guerra), Constantino decidiu, por meio da lei dominical por ele declarada, que, a cada sete dias, o dia do sol (*dies solis*, como o imperador escreveu) seria considerado um *justitium*. Como esse dia era conhecido por pagãos e cristãos, passou a ser adotado pelo império romano como um dia de feriado.

No entanto, a confirmação "oficial" da mudança do sábado para o domingo como um dogma cristão foi feita pela Igreja Católica mais de mil anos depois. Foi no Concílio de Trento, realizado no século 16: "A Igreja de Deus achou conveniente que a celebração religiosa do sábado deva ser transferida para o dia do Senhor: o domingo". Como resultado, em quase todos os países de tradição cristã foram proibidos aos domingos o artesanato, o comércio e a dança. Exceções foram feitas em situações de emergência ou para certos sindicatos. Finalmente, após a Revolução Francesa (1789), o descanso dominical foi assimilado como um direito trabalhista e é admitido praticamente em todas as legislações (BORGES, 2017).

De acordo com Timm (1999), embora os observadores do domingo tentem justificar essa prática alegando que Jesus ressuscitou no primeiro dia da semana, em nenhum lugar das Escrituras se alude a que este tenha substituído o sábado do sétimo dia, instituído por Deus na semana da criação. Houvesse o dia da ressurreição se transformado no novo dia de repouso da igreja apostólica, isso estaria transparente na linguagem empregada nos Evangelhos e demais livros do Novo Testamento, escritos muitos anos após a ressurreição de Cristo. Mas nem Marcos e Lucas (escritos cerca de 30 anos após a ressurreição) e de Mateus (cerca de 35 anos após) ou o de João (cerca de 60 anos após) referem-se ao dia da ressurreição com deferência especial, mas apenas como o primeiro dia da semana. Da mesma maneira, Apocalipse 1:10 faz referência ao dia do Senhor, e não ao primeiro dia da semana ou domingo, não havendo, portanto, endosso nos textos bíblicos para a observância do domingo.

O decreto de Constantino foi seguido por medidas eclesiásticas que legalizaram, posteriormente, o domingo como dia de guarda para os cristãos em lugar do sábado. No Concílio de Nicéia, em 325, o domingo foi confirmado como dia de descanso cristão, dando o passo para a abolição da guarda do sábado pela Igreja Católica, posteriormente. Como enfatiza Hurlbut (2002:88), "o primeiro dia da semana (domingo) foi proclamado dia de descanso e adoração e a observância em breve se generalizou em todo o império".

White (1985:680) traz, em nota sobre o edito de Constantino, um texto do Dicionário Enciclopédico Hispano-Americano que afirma o seguinte:

> O Imperador Constantino, no ano 321, foi o primeiro a ordenar a rigorosa observância do domingo, proibindo toda classe de negócios jurídicos, ocupações e trabalhos; unicamente se permitia aos lavradores que trabalhassem aos domingos nas fainas agrícolas, se o tempo fosse favorável. Uma lei posterior, do ano 425, proibiu a celebração de toda classe de representações teatrais e, afinal, no século VII aplicaram-se com todo o rigor, ao domingo cristão, as proibições do sábado judaico.

Esse fato foi apresentado no Catecismo Romano (1962:376), que reconheceu a atuação da Igreja Católica no processo de mudança do sábado, ao declarar: "A igreja de Deus, porém, achou conveniente transferir para o domingo a solene celebração do sábado".

Também afirma Aquino (2013) que foi devido à tradição católica que a igreja passou a celebrar o mistério pascal chamando-o de dia do Senhor ou domingo. Justino mártir, citado pelo autor, assim explica essa tradição: "Reunimo-nos todos no dia do sol, porque é o primeiro dia após o Sábado dos judeus, mas também o primeiro dia em que Deus, extraindo a matéria das trevas, criou o mundo e, neste mesmo dia, Jesus Cristo, nosso Salvador, ressuscitou dentre os mortos" (Apologia 1:67).

Salienta-se que, até o primeiro século da era cristã, não há evidências de mudança do dia de guarda, sendo este dia guardado pelos apóstolos tal como o fazia o próprio Cristo, em obediência aos mandamentos de Deus. Em Lucas 4:16, descreve-se que Jesus entrou num sábado, na sinagoga, "segundo seu costume". E ainda em Lucas 4:31, observa-se Jesus ensinando nos sábados.

É claro, portanto, que Jesus nunca autorizou a mudança da lei de Deus para um dia especificamente seu, mas conduziu sempre as pessoas a adorarem a Deus e guardarem os Seus mandamentos. Ainda mais, condenou as práticas baseadas nas tradições, como se vê em Marcos 7:7-9: "Em vão, porém, me honram, ensinando doutrinas que são mandamentos de homens. Porque, deixando o mandamento de Deus, retendes a tradição dos homens; [...] E dizia-lhes: Bem invalidais o mandamento de Deus para guardardes a vossa tradição".

No contexto da lei dominical de Constantino, seu edito não representava um decreto para a igreja cristã, nem mesmo estava relacionado às práticas judaicas, mas, nesse momento específico, estava ligado às questões político-religiosas do império, fazendo parte, portanto, das leis civis romanas.

Coxe, Roberts e Donaldson (1885), já afirmavam que o decreto de Constantino foi utilizado pelos cristãos, posteriormente, como apoio à guarda do domingo; todavia, esse decreto não se aplicou nem aos cristãos nem aos judeus, na época em que foi promulgado pelo imperador.

Na realidade, segundo estes autores, nesse tempo, priorizou-se o espaço político, tentando amenizar conflitos sociais entre pagãos e cristãos, sendo que estes últimos, embora tivessem saído, em sua maior parte, do judaísmo, tendiam a aceitar o dia da ressurreição de Cristo como dia de guarda. Mas, no decreto de Constantino, este não favorece um dia em detrimento de outro, mas enaltece, seguramente, que o dia seria em homenagem ao Sol Invictus. Somente mais tarde, no Concílio de Niceia, realizado em 325 d.C., foi adotado o domingo como parte das práticas cristãs no império romano, sendo que, Constantino ainda continuava não batizado como cristão, adotando tanto práticas pagãs quanto cristãs em sua conduta.

CAPÍTULO 4

CONCÍLIO DE NICÉIA

O Concílio de Nicéia foi o primeiro concílio ecumênico da história do Cristianismo. Sobre o conceito de concílio, Elwell (2009:318) descreve como sendo "uma conferência convocada pelos líderes eclesiásticos para dar orientação à igreja". Este autor ainda informa que os concílios podem ser ecumênicos ou não. Como exemplo apresenta o Concílio de Jerusalém, o primeiro registrado na Bíblia com os apóstolos.

> O primeiro concílio foi realizado em Jerusalém (cerca de 50 d.C) com o propósito de opor-se aos esforços judaizantes, e está registrado em Atos 15. Os resultados deste primeiro Concílio de Jerusalém foram normativos para toda a igreja cristã primitiva. No entanto, o Concílio de Jerusalém deve ser distinguido dos concílios posteriores, pelo fato de ter tido uma liderança apostólica. Um concílio pode ser ecumênico e, portanto, representar a igreja inteira, ou pode ser local, tendo representação regional ou local. Por exemplo, doze concílios regionais reuniram-se para debater a heresia ariana entre os concílios ecumênicos de Nicéia, em 325, e de Constantinopla, em 381 (*id*).

O autor ainda explica que há divergências na igreja acerca dos concílios ecumênicos, considerados como aqueles originados da ligação entre a igreja cristã e o estado romano no século IV.

> Convocados originalmente pelo Imperador, a fim de promover a unidade, os concílios antigos tinham o objetivo de representar a igreja inteira. No decurso dos séculos, a lei canônica católico-romana veio a estipular que um concílio ecumênico devia ser convocado pelo papa e representar devidamente as dioceses da Igreja Romana (embora a tomada de decisões fosse subordinada à confirmação papal). Por causa desta mudança de plano de ação e de representação, os cristãos não têm concordado entre si a respeito de quais concílios foram "ecumênicos". Ao passo que a Igreja Católica Romana aceita vinte e um, as Igrejas copta, síria e armênia aceitam somente os três primeiros da lista católico-romana. A maioria dos grupos protestantes, bem como a Igreja Ortodoxa Oriental, aceita os sete primeiros. Para a Igreja Católica Romana, o concílio ecumênico ou universal é obrigatório para toda a igreja, ao passo que um concílio local é obrigatório somente para uma parte da igreja. Os oito primeiros concílios, convocados por imperadores e que tinham a representação dos bispos do Oriente e do Ocidente, foram os de: Nicéia I (325); Constantinopla I (381); Éfeso (431); Calcedônia (451); Constantinopla II (553); Constantinopla III (680-81); Nicéia II (787) e Constantinopla IV (869-70). (ELWELL, 2009:320).

A formação do Concílio de Nicéia teve a participação direta do Estado romano. No ano 325, Constantino convocou todos os bispos da igreja em Nicéia, Bitínia (atual Iznik. na Turquia), cidade próxima de Constantinopla, para decidir sobre questões teológicodoutrinárias que estavam afetando a igreja cristã. De acordo com Blainey (2012), 250 bispos compareceram vindos da parte oriental ou das regiões mais próximas, sendo que apenas cinco vinham do Ocidente. Entre estes estavam dois diáconos enviados pelo papa de Roma, incumbidos de apresentar a visão do mesmo sobre o assunto, bem como, bispos de Cartago e Milão, cidades cristãs das mais importantes na parte ocidental do Império. Comenta o autor que esse grupo não poderia ser considerado representante da igreja como um todo. Todavia, juntamente com Constantino, formaram o Concilio de Nicéia.

Blainey (2012), assim como Fluck (2009) e Carroll (2002) afirmam a presença de 250 bispos. Já Elwell (2009) fala em mais de 300. Vale ainda considerar o porquê de os bispos representarem a igreja cristã. De acordo com Nichols (1992:58),

> O ofício do bispo tinha ido tão longe que se considerava a Igreja constituída somente deles; a Igreja era o bispo e aqueles em comunhão com ele. Quando se reuniam todos os bispos, julgava-se que a Igreja toda estava reunida. Daí julgar-se que um concílio de bispos tinha a direção do Espírito Santo prometido à Igreja.

Embora não tenham sido unânimes em suas decisões, esses bispos, sob a direção de Constantino, definiram a natureza divina de Jesus, fixaram a data da Páscoa em acordo com a Páscoa pagã, diferente da Páscoa judaica, promulgaram leis canônicas e definiram o domingo como dia de descanso dos cristãos. Mas, como já foi enfatizado no capítulo anterior, a mudança específica do sábado para o domingo não foi feita no Concílio de Nicéia, sendo somente declarada oficialmente no Concílio de Laodicéia, em 364. E, no ano de 1567, o Concílio de Trento publicou o catecismo, no qual a igreja de Roma anulou o quarto mandamento da lei de Deus, substituindo definitivamente o *Shabbath* pelo Domingo.

Cairns (1995:129), ainda complementa que

> O domingo tornou-se o dia principal do calendário eclesiástico depois que Constantino estabeleceu que este seria um dia de culto cívico e religioso. A festa do Natal tornou-se uma prática regular em meados do século IV, adotando-se a data de dezembro anteriormente usada pelos adoradores de Mitra. A Festa da Epifania, que comemorava a visita dos magos a Cristo, entrou também para o calendário da igreja. Acréscimos do ano sacro Judaico, de narrativas dos evangelhos e das vidas de santos mártires propiciaram uma expansão constante do número de dias santos no calendário eclesiástico. Com o tempo surgiram também "a veneração de anjos, santos, relíquias, imagens e estátuas" e mudanças no culto que levaram a "uma clara distinção entre o clero e o laicato".

O tema principal do Concílio de Nicéia, portanto, não foi a mudança do dia de guarda, mas questões teológicas chamadas de "questões arianas". O Concílio foi convocado por Constantino a pedido dos próprios bispos, que queriam por termo a uma questão iniciada por

Ário, um discípulo de Samosata e presbítero em Alexandria. Paulo de Samosata era bispo em Antioquia e, por volta de 260, defendia o monoteísmo afirmando que Jesus era filho adotivo de Deus e que Ele não tinha realmente encarnado. Ário, por sua vez, declarava que Deus Filho não era igual a Deus Pai e não tinham a mesma substância. Alexandre, bispo de Alexandria, não tinha definido bem essa questão doutrinal o que resultou na excomungação de Ário da igreja de Alexandria. Este passou então a visitar os bispos do Oriente, buscando apoio em Eusébio de Nicomédia e Eusébio de Cesaréia. Retornando para Alexandria, Atanásio, diácono da cidade, decidiu enfrentar Ário. Em consequência, a igreja começou a se dividir sobre a pessoa de Jesus Cristo (FLUCK, 2009).

Conforme explica Elwell (2009:309),

> A questão que culminou em Nicéia surgiu de uma tensão não resolvida dentro do legado teológico de Orígenes, no tocante ao relacionamento entre o Filho e o Pai. De um lado, havia a atribuição de divindade ao Filho num relacionamento com o Pai, descrito como geração eterna. Do outro lado, havia um subordinacionismo evidente. Quase de modo apropriado, a disputa irrompeu em Alexandria, em 318, sendo que Ário, um presbítero popular da região eclesiástica de Baucalis, desenvolveu a linha de pensamento posterior do origenismo contra o bispo Alexandre, que propunha a primeira das duas linhas de pensamento acima. Ário era um lógico bem capacitado, que atacou Alexandre (com motivos não exclusivamente eruditos), acusando-o de sabelianismo. Depois de um sínodo local ouvir suas opiniões e desconsiderá-las como a ele também, por não serem sãos, Ário demonstrou seus talentos literários e políticos popularizantes, conseguindo apoio além da área de Alexandria. Suas opiniões agradavam os origenistas da ala esquerda, incluindo o respeitado Eusébio, bispo de Cesaréia. Seu aliado mais íntimo, e que mais ajuda lhe deu, foi seu antigo colega de estudos na escola de Luciano, Eusébio, bispo na residência imperial em Nicomédia. Depois de o enviado pessoal de Constantino, Hósio de Córdoba, ter fracassado na sua tentativa de reconciliação das duas partes em Alexan- dria, o imperador resolveu convocar um concílio ecumênico.

Blainey (2012) comenta que Ário enfatizava o aspecto da humanidade de Cristo mais do que o aspecto de sua divindade. Já os adeptos da Igreja Ortodoxa criam na igualdade entre Deus e Jesus e que uma visão contrária a essa crença desmerecia a Cristo. Tendo a discussão ariana, como foi chamada historicamente, ultrapassado os limites das fronteiras do Egito e levado a uma diversidade de opiniões entre os bispos, estes pediram a intervenção de Constantino, o qual, após tentar conciliar a situação, convocou os bispos a se encontrarem em Nicéia. Sobre a intervenção de Constantino na questão ariana, o autor destaca o seguinte:

> O imperador Constantino foi chamado a interferir, e a decisão tomada por um governante poderoso, que nem mesmo era batizado, a respeito de uma questão de alta teologia, representava uma enorme inovação na história do cristianismo. Até então, os líderes cristãos tinham procurado resolver entre eles suas desavenças. (BLAINEY, 2012:70).

A intervenção de Constantino na questão teológica não se deu por ele ter conhecimento a respeito da natureza de Cristo. Ao contrário, como explica Silva (2005:36), Constantino "não tinha interesse algum em 'promulgar' uma doutrina trinitária para a igreja. [...] nem possuía conhecimento suficiente para se posicionar diante da controvérsia que ocupava a teologia grega". Contudo, os bispos o convenceram a convocar o Concílio para resolver o problema doutrinário.

Para Carroll (2002), a intervenção de Constantino nas questões da igreja devia-se à busca do imperador por unificar o império política e religiosamente. A questão ariana tornou-se um problema para o império, principalmente porque não havia unidade nem mesmo entre os cristãos, que não entravam em acordo nem quanto ao cálculo da data da Páscoa nem sobre como Jesus era Deus. Assim, Constantino, arrogando ter o direito de exercer autoridade absoluta também sobre a igreja, buscou definir a questão.

> Como Jesus é Deus? Vimos que essa questão, *como* questão, tinha sido a essência da discussão cristã desde que seus primeiros seguidores se tinham permitido, de luto, a primeiro rezar para Jesus e então a falar em voz alta sobre sua tremenda intuição a respeito dele. Mas uma resposta viria substituir, no discurso, a pergunta. A resposta única, definitiva, unívoca, que tinha até então escapado ao consenso cristão – escapado, isto é, a mentes finamente sintonizadas, apaixonadas e diversamente engajadas com a questão, como Irineu, Orígenes e Ário –, seria agora imposta por decreto imperial. A unidade seria dali por diante o tom não apenas da ordem política, mas também de uma verdade revelada. Com a santidade e a catolicidade, a "unidade" seria, no jargão, uma "marca" da Igreja –, pelo menos teoricamente. (CARROLL, 2002:205).

Como resposta ao mandato do imperador, o Concílio de Nicéia proclamou uma declaração formal de crença, definindo quase unanimemente que Jesus é Deus. Os bispos que não concordaram com o Credo de Nicéia foram exilados por Constantino, a exemplo de Atanásio e outros que foram exilados em Tréveris (CARROLL, 2002).

De qualquer modo, o Concílio de Nicéia não discutiu a Trindade, mas sim, a natureza de Cristo em relação ao Pai. O assunto "Trindade" surgiu posteriormente, no credo de Atanásio. No credo niceno não foi mencionada a questão sobre o Espírito Santo ser ou não uma pessoa, como se pode observar do texto do Credo de Nicéia, apresentado por Silva (2005:37):

> Cremos em um só Deus, Pai onipotente, criador de todas as coisas vivas visíveis e invisíveis; e em um só Senhor Jesus Cristo, o Filho de Deus gerado pelo Pai, unigênito, isto é, da substância do Pai, Deus de Deus, Luz de Luz, Deus verdadeiro de Deus verdadeiro, gerado não feito, de uma só substância com o Pai, pelo qual foram feitas todas as coisas, as que estão no céu e as que estão na Terra; o qual, por

> nos homens e por nossa salvação, desceu e se encarnou e se fez homem e sofreu e ressuscitou ao terceiro dia, subiu ao céu, e novamente deve vir e no Espírito Santo.

De acordo com Elwell (2009:310-311): "Deve-se notar que esse credo não é aquele recitado nas igrejas hoje, com o nome de "Credo de Nicéia". Embora seja semelhante em muitos aspectos, este último é bem mais longo, e faltam-lhe algumas das frases-chaves niceianas. A teologia expressa no credo de Nicéia é decisivamente antiariana. A princípio, a unidade de Deus é afirmada. Mas declara-se que o Filho é "verdadeiro Deus de verdadeiro Deus". Embora confesse que o Filho foi gerado, o credo acrescenta as palavras "do Pai" e "não feito". E asseverado positivamente que Ele é parte "da essência (*ousia*) do Pai" e "consubstanciai (*homoousia*) com 0 Pai". Uma lista de frases arianas, incluindo "tempo houve quando Ele não existia", e asseverações de que o Filho é uma criatura ou foi feito do nada são expressamente anatematizadas.

Assim, sustentou-se em Nicéia uma divindade ontológica do Filho e não meramente funcional. A única confissão a respeito do Espírito, no entanto, foi a fé nEle. Entre outras coisas realizadas em Nicéia, houve um acordo sobre a data para celebrar-se a Páscoa e uma decisão sobre o Cisma Meliciano no Egito. Ario e seus seguidores mais resolutos foram banidos, mas somente por pouco tempo. Entre a maioria em Nicéia, constava Atanásio, na época um jovem diácono, que em pouco tempo sucederia a Alexandre como bispo, e que levaria a efeito um desafio minoritário contra um arianismo ressurgente no Oriente. A ortodoxia de Nicéia, no entanto, acabou sendo reafirmada, de modo decisivo, no Concílio de Constantinopla, em 381 (*id*).

Segundo Silva (2005), apesar de o Concílio de Nicéia ter supostamente derrotado os arianos, partidários de Eusébio de Nicomédia tentaram restaurar Ário ao poder, após o Concílio, sob a proteção do imperador, tendo este sido convencido por Eusébio a exilar Atanásio e recolocar Ário como bispo de Alexandria, com a intenção de convocar um novo Concílio que corrigisse Nicéia dando ganho de causa aos arianos. A fé trinitária, que afirma a unidade do Pai, do Filho e do Espírito Santo, pareceu mesmo ter sido renegada quando Constantino quis ser batizado por Eusébio de Nicomédia, em seu leito de morte, num ritual antitrinitariano. Desse modo, a fé nicena não foi extinta devido à morte de Constantino ter ocorrido alguns dias após seu batismo, sem que tivesse tempo de convocar outro concílio.

CAPÍTULO 5

INFLUÊNCIAS DAS AÇÕES DE CONSTANTINO PARA O CRISTIANISMO MODERNO

Constantino e seus sucessores se constituíram patronos do Cristianismo, sustentando-o, interferindo e exercendo autoridade sobre os negócios e doutrinas da igreja. Embora tenha ocorrido um grande aumento no número de cristãos, a partir das decisões de Constantino, esse benefício é duvidoso, haja vista que, não somente entraram para o Cristianismo pessoas que nada conheciam a respeito da religião como também se produziram mudanças doutrinárias no cristianismo e perseguições aos povos pagãos e judeus.

Hurlbut (1979, p. 85), comenta, apropriadamente que:

> Se Constantino não foi um grande cristão, foi, sem dúvida, um grande político, pois teve a ideia de unir-se ao movimento que dominaria o futuro de seu império. Da repentina mudança de relações entre o império e a igreja surgiram resultados de alcance mundial. Alguns úteis e outros danosos, tanto para a igreja como para o Estado.

A aceitação da religião cristã por parte de Constantino, assim como sua imposição como religião oficial do Império Romano, promoveram o Cristianismo, porém, sem considerar a conversão das pessoas, apenas sua complacência com a lei. Segundo Nichols (1992:81), "prevaleceu, assim, na Igreja, grande massa de pagãos, imbuídos das ideias pagãs a respeito da religião e da moral, gente que de cristã tinha apenas o nome".

> A nova posição da Igreja, aliada ao século, de modo algum foi benéfica à sua vida. A entrada de multidões nas igrejas impediam-na de manter aquela vigilância e aquele escrúpulo necessário ao preparo e exame cuidadosos dos candidatos, como sempre o fizera. A maioria dos que entravam para a Igreja era realmente pagã, gente de vida reprovável. Era natural que aparecesse uma queda no nível moral do caráter cristão. Para enfrentar esta situação, a Igreja desenvolveu sua disciplina, isto é, seu método de tratar as ofensas contra a moral, etc. [...] Para certos atos julgados imorais, havia penas severas; para ofensas menores, havia penitência, tais como: confissões públicas, jejuns e orações; para as faltas mais graves, havia a excomunhão. (NICHOLS, 1992:51-52).

Corroborando com Nichols, Cairns (1995), também considera que a vitória obtida ao tempo de Constantino foi, ao mesmo tempo, benéfica e prejudicial, já que a união entre igreja e Estado provocou a secularização da igreja cristã.

> É verdade que o cristianismo elevou o nível moral da sociedade ao ponto de a dignidade da mulher ser conhecida na sociedade, os espetáculos de gladiadores serem abolidos, os escravos receberem melhor tratamento, a legislação romana tornar-se mais justa e o avanço da obra missionária ter aumentado. A Igreja percebeu, entretanto, que embora uma associação com o Estado lhe trouxesse benefícios, isto lhe traria também muitas desvantagens. O governo, em troca dos privilégios, da proteção e da ajuda que oferecia, achava-se no direito de interferir em assuntos espirituais e teológicos. Em Arles (314) e em Nicéia (325), Constantino arrogou-se o direito de arbitrar a disputa na Igreja, embora fosse apenas o soberano temporário do império. O longo conflito entre a Igreja e o Estado começa aí. Infelizmente a Igreja ganhou em poder mas se tornou uma arrogante perseguidora do paganismo do mesmo modo que as autoridades religiosas pagãs tinham agido em relação aos cristãos. Parece que no balanço final, a aproximação entre Igreja e Estado trouxe mais malefícios do que bênçãos à Igreja Cristã. (CAIRNS, 1995:101).

Dessa maneira, embora o Cristianismo tenha proporcionado mudanças positivas para o povo, sendo um trunfo nas mãos do governo imperial, trouxe como consequência maus resultados para a igreja com relação à fidelidade à fé apostólica. A entrada de pessoas não convertidas, a busca por vantagens e poderio, fez com que homens mundanos, ambiciosos e sem escrúpulos obtivessem postos na igreja para obterem influência social e política. Com isso,

> O nível moral do Cristianismo no poder era muito mais baixo do que aquele que distinguia os cristãos nos tempos de perseguição. Os cultos de adoração aumentaram em esplendor, é certo, porém eram menos espirituais e menos sinceros do que no passado. Os costumes e as cerimônias do paganismo foram pouco a pouco infiltrando-se nos cultos de adoração. Algumas das antigas festas pagãs foram aceitas na igreja com nomes diferentes. Cerca do ano 405 as imagens dos santos e mártires começaram a aparecer nos templos, como objetos de reverência, adoração e culto. A adoração à virgem Maria substituiu a adoração a Vênus e a Diana. A Ceia do Senhor tornou-se um sacrifício em lugar de uma recordação da morte do Senhor. O "ancião" evoluiu de pregador a sacerdote. Como resultado da ascensão da igreja ao poder, não se vê os ideais do Cristianismo transformando o mundo; o que se vê é o mundo dominando a igreja. (HURLBUT, 2002:91).

Essas mudanças, que incluíram questões doutrinárias importantes, como a questão sobre a pessoa de Cristo e a imposição de um dia de descanso diverso da fé primitiva, serviram para dividir o Cristianismo, gerando grupos de cristãos que se mantinham fiéis à fé apostólica e a maioria que se posicionou sob Roma. Tal divisão foi sentida ao longo do tempo, na forma de perseguição aos fiéis à Palavra de Cristo.

Tendo iniciado a mudança do sábado para o domingo, Constantino promoveu a fé pagã venerando o Sol Invictus ao mesmo tempo em que incentivou o descanso no primeiro dia da semana a cristãos e pagãos miscigenando, desse modo, o cristianismo ao paganismo o que, de certo modo, beneficiava o controle do império sobre o povo, evitando conflitos que poderiam minar o poder do imperador.

Tal poder também pode ser observado sobre a Igreja da época, ao mesmo tempo em que a Igreja abrangia benefícios vindos do Império. No concílio de Nicéia, a prática já comum em Roma de celebrar a Páscoa no primeiro domingo depois da primeira lua cheia da primavera foi confirmada, dando maior ênfase à mudança do sétimo dia para o primeiro dia da semana. A presença de Constantino no concílio demonstra mais uma forma de poder sobre as decisões da Igreja ainda em situação ambígua quanto à sua crença. Conforme Calaméo (s/d:31), ele não havia se tornado cristão propriamente dito, deixando para se batizar nos últimos momentos de sua vida. Contudo, no dia anterior, ainda fizera um sacrifício a Zeus, em virtude de manter o título de Sumo Pontífice do Império Romano.

Assim sendo, na perspectiva de expansão do cristianismo, Constantino foi de grande auxílio, principalmente ao promover a liberdade religiosa e favorecer à igreja e aos cristãos. Por outro lado, na perspectiva de continuidade da doutrina apostólica, a contribuição de Constantino foi mais prejudicial ao avanço do Cristianismo puro e verdadeiro, sendo favorável ao Cristianismo apóstata.

Sobre isso se posiciona Hurlbut (2002:92) da seguinte forma:

> Se tivesse sido permitido ao Cristianismo desenvolver-se normalmente, sem o controle do Estado, e se o Estado se tivesse mantido livre da ditadura da igreja, tanto um quanto a outra teriam sido mais felizes. Porém a igreja e o Estado tornaram-se uma só entidade quando o Cristianismo foi adotado como religião do império, e dessa união inatural surgiram males sem conta nas províncias orientais e ocidentais. No Oriente, o Estado dominava de tal modo a igreja, que esta perdeu todo o poder que possuía. No Ocidente, como veremos adiante, a igreja, pouco a pouco, usurpou o poder secular e o resultado não foi *Cristianismo,* e, sim, o estabelecimento de uma *hierarquia* mais ou menos corrompida que dominava as nações da Europa, fazendo da igreja uma máquina política.

Desse modo, embora Constantino tenha contribuído para a expansão do Cristianismo para o mundo todo, também influenciou no desenvolvimento de um cristianismo mesclado entre a fé em Cristo e a apostasia. Sua importância na história cristã é, assim, colocada em cheque, já que possibilitou à igreja se expandir, por um lado, enquanto, por outro, contribuiu para que entrasse a corrupção e o mundanismo na igreja.

CONSIDERAÇÕES FINAIS

A participação do Imperador Constantino no desenvolvimento da igreja cristã acabou por repercutir na expansão posterior da Igreja, por ter tornado o Cristianismo uma religião aceita e protegida pelo Estado Romano. No período em que foi imperador fez uso de estratégias político-religiosas que não apenas puseram um fim às perseguições aos cristãos, mas, também, favoreceram grandemente a igreja cristã, de diferentes maneiras.

Entre suas contribuições ao Cristianismo estão o favorecimento do cristianismo por meio do Edito de Milão, que propiciou liberdade religiosa em todo o império, facilitando, desse modo, aos cristãos viverem sua fé livremente e terem direitos civis igualados aos do povo romano, e a convocação do Concílio de Nicéia, no qual participou de forma ativa na condução das discussões teológicas acerca da natureza de Cristo.

Embora não professasse publicamente a fé cristã, continuando a seguir os costumes do deus Sol (Mitra), Constantino se aproximou do Cristianismo, não apenas pela visão que teve, mas também por entender que o Cristianismo se propagava apesar dos limites impostos pelos governantes.

Seu batismo no leito de morte não é indicativo de conversão, devido aos atos pagãos perpetuados durante sua vida. No entanto, é considerado como o primeiro imperador cristão da história.

Apesar de contribuir para a igreja cristã, o Edito de Constantino foi responsável por iniciar formalmente a mudança do sábado para o domingo, mudança essa que já vinha sendo estimulada pela igreja de Roma, cujo poder aumentara com a decisão de Constantino de criar uma nova cidade-sede do império, Constantinopla. No Concílio de Nicéia o domingo foi reafirmado como dia de descanso cristão.

Ao analisar a história do cristianismo sob a influência de Constantino percebe-se que este proporcionou mudanças positivas e negativas à igreja, que repercutiram após sua morte. Conclui-se, assim, que o imperador Constantino contribuiu favoravelmente ao Cristianismo ao por fim às perseguições aos cristãos e afirmar o Cristianismo como religião legalizada, dando condições para a sua expansão pelo mundo; por outro lado, contribuiu negativamente ao interferir em assuntos religiosos e propiciar um caminho para a apostasia da fé cristã.

A fé cristã primitiva, no entanto, permaneceu ao longo dos séculos por meio de remanescentes que não se curvaram diante de Roma. Apesar de a igreja cristã em Roma e seus aliados ter se apostatado e perseguido aos cristãos no decorrer do tempo, produzindo mudanças que conduziram a igreja a uma união com o Estado a partir de Constantino, e infiltrando costumes pagãos para confundir a verdade do Evangelho, a pedra que esmigalhou os pés da estátua e cresceu até encher toda a terra, profetizada na visão de Nabucodonosor (Daniel 2:34-35), conquistou o mundo a partir de Jerusalém e do Império Romano, concretizando a presença do Reino de Deus na Terra.

REFERÊNCIAS

AQUINO, Felipe. **Por que a igreja guarda o domingo e não o sábado?** Disponível em: <https://blog.cancaonova.com/felipeaquino/2013/01/21/por-que-a-igreja-guarda-o-domingo-e-nao-o-sabado/>. Acesso em: 25 fev. 2019.

BACCHIOCCHI, Samuele. **Do sábado para o domingo**: uma investigação do surgimento da observância do domingo no cristianismo primitivo. Roma, The Pontifical Gregorian University Press, 1977.

BARRET, David. **World Christian Encyclopedia**. v. 4. New York: Oxford University Press, 1982.

BÍBLIA SAGRADA. 2. ed. Revista e Atualizada no Brasil. Barueri-SP: Sociedade Bíblica do Brasil, 1993.

BLAINEY, Geoffrey. **Uma breve história do cristianismo**. São Paulo-SP: Fundamento Educacional Ltd, 2012.

BORGES, Michelson. **Quem mudou o descanso do sábado para o domingo?** 13 mar. 2017. Disponível em: <http://www.criacionismo.com.br/2017/03/quem-mudou-o-descanso-do-sabado-para-o.html>. Acesso em: 20 jan. 2018.

CAIRNS, Earle E. **O cristianismo através dos séculos**: uma história da igreja cristã. Trad. Israel Belo de Azevedo. 2. ed. São Paulo: Vida Nova, 1995

CALAMÉO. **Historia da igreja**. Unicristã-Autad. Disponível em: <https://pt.calameo.com/books/0055826435ace86ddefb7>. Acesso em: 25 fev. 2019.

CARROLL, James. **A espada de Constantino**: a igreja católica e os judeus. Trad. Renato Pompeu. Barueri-SP: Manole, 2002.

CATECISMO ROMANO. 2. ed. Petrópolis, RJ: Vozes, 1962.

CATHOLIC ENCYCLOPEDIA. **Constantine the great**. 2017. Disponível em: <http://www.newadvent.org/cathen/04295c.htm>. Acesso em: 25 fev. 2019.

COXE, A. Cleveland; ROBERTS, Alexander; DONALDSON, James (Ed.). The Apostolic Fathers, Justin Martyr, Irenaeus. v. I. New York: Christian Literatures Publishing Co., 1885.

DEIROS, Pablo A. **Historia del cristianismo**: los primeros 500 años. Buenos Aires, Argentina: Ediciones del Centro, 2005.

DREHER, Martin N. A igreja no império romano. **Coleção História da Igreja**. v. 1. 3. ed. São Leopoldo, RS: Sinodal, 2001.

ELWELL, Walter A. **Enciclopédia histórico-teológica da igreja cristã**. Trad. Gordon Chown. São Paulo: Vida Nova, 2009.

FLUCK, Marlon Roland. **História do cristianismo**: modelos, panoramas e teología. Curitiba-PR: Cia. de Escritores, 2009.

FRAZÃO, Dilva. **Biografia de Constantino**. 2017. Disponível em: <https://www.ebiografia.com/constantino/>. Acesso em 15 jan. 2018.

GONZÁLEZ, Justo L. **Uma história ilustrada do cristianismo**: a era dos gigantes. São Paulo-SP: Vida Nova, 1997.

GUY DE LA BÉDOYÈRE. **Os romanos para leigos**. Rio de Janeiro: Alta Books, 2013.

HURLBUT, Jesse Lyman. **História da igreja cristã**. 14. reimp. São Paulo: Betânia, 2002.

KENNETH, Curtis, A.; STEPHEN, Lang, J.; RANDY, Petersen. Trad. Emirson Justino. **Os 100 acontecimentos mais importantes da história do cristianismo**: do incêndio de Roma ao crescimento da igreja na China. São Paulo: Vida, 2003.

NICHOLS, Robert Hastings. **História da igreja cristã**. São Paulo, SP: Casa Editora Presbiteriana, 1992.

PAROSCHI, Wilson. **Critica textual do novo testamento**. São Paulo: Vida Nova, 1993.

SALOMÃO, Gilberto. **Império romano - Cristianismo - da pregação de Jesus a Constantino**. 2014. Disponível em: <https://educacao.uol.com.br/disciplinas/historia/imperio-romano---cristianismo-da-pregacao-de-jesus-a-constantino.htm?cmpid=copiaecola>. Acesso em: 25 fev. 2019.

SILVA, Rodrigo P. Trindade: um dogma de Constantino: **Parousia**, Revista do Seminário Adventista Latino-Americano de Teologia. Engenheiro Coelho, SP, a. 4, n. 2, p. 31-39, 2° sem. 2005.

TIMM, Alberto R. **Sinais dos Tempos**, p. 29, maio 1999.

______. **Do sábado para o domingo**. 2012. Disponível em: <http://biblia.com.br/perguntas-biblicas/sabado/>. Acesso em: 26 jan. 2018.

VEYNE, Paul. **Quando nosso mundo se tornou cristão (312-394).** Tradução de Marcos de Castro. 2. ed.. São Paulo: Civilização Brasileira, 2011.

WALKER, Wiliston. **História da igreja cristã**. Tradução Paulo D. Siepierskij. 3. ed. São Paulo: ASTE, 2006.

WHITE, Ellen G. **O grande conflito**. Tatuí-SP: Casa Publicadora Brasileira, 1985.

Printed by Books on Demand GmbH, Norderstedt / Germany